CLASSIQUES & CIE PHILO

René Descartes

Méditations métaphysiques (1641)

Texte intégral

Collection dirigée par
Laurence Hansen-Løve

Analyse
Michel Delattre
agrégé de philosophie
université de Cergy-Pontoise (IUFM de l'Académie de Versailles)

Hatier

MÉDITATIONS MÉTAPHYSIQUES

Agrégé de philosophie, **Michel Delattre** participe à la formation des enseignants à l'université de Cergy-Pontoise (IUFM de l'Académie de Versailles). Il a enseigné alternativement en école normale et en lycée. Co-directeur de la collection des manuels de philosophie à l'usage des classes terminales, chez Hatier, il a notamment publié *Le Devoir* (1991), *La Raison* (1993), *Platon* (1998) aux éditions Quintettes.

Conception graphique de la maquette :
c-album, Jean-Baptiste Taine, Rachel Pfleger
Principe de couverture : Double
Mise en page : Soft Office
Chronologie : Domino
Suivi éditorial : Catherine Zerdoun

ISBN : 978-2-218-95899-1

L'ARCHITECTURE DE L'ŒUVRE

L'AUTEUR ET LE CONTEXTE

THÈMES ET PROBLÉMATIQUES

OUTILS COMPLÉMENTAIRES

MÉDITATIONS MÉTAPHYSIQUES

TOUCHANT LA PREMIÈRE PHILOSOPHIE DANS LESQUELLES L'EXISTENCE DE DIEU ET LA DISTINCTION RÉELLE ENTRE L'ÂME ET LE CORPS DE L'HOMME SONT DÉMONTRÉES[1]

(1641)

1. Nuance importante par rapport à l'annonce de 1641 dont le texte latin peut être traduit ainsi : « dans laquelle l'existence de Dieu et l'immortalité de l'âme sont démontrées ».

Texte original en latin, traduction du duc de Luynes, éditée en 1647, revue et corrigée par Descartes lui-même.

À Messieurs
les doyens et docteurs de
la sacrée faculté de Théologie de Paris

Messieurs,

La raison qui me porte à vous présenter cet ouvrage est si juste, et, quand vous en connaîtrez le dessein, je m'assure que vous en aurez aussi une si juste de le prendre en votre protection[1], que je pense ne pouvoir mieux faire, pour vous le rendre en quelque sorte recommandable, qu'en vous disant en peu de mots ce que je m'y suis proposé. J'ai toujours estimé que ces deux questions, de Dieu et de l'âme, étaient les principales de celles qui doivent plutôt être démontrées par les raisons de la philosophie que de la théologie : car bien qu'il nous suffise, à nous autres qui sommes fidèles, de croire par la foi qu'il y a un Dieu, et que l'âme humaine ne meurt point avec le corps ; certainement il ne semble pas possible de pouvoir jamais persuader aux infidèles aucune religion, ni quasi[2] même aucune vertu morale, si premièrement on ne leur prouve ces deux choses par raison naturelle. Et d'autant qu'on propose[3] souvent en cette vie de plus grandes récompenses pour les

1. Descartes, à une époque où les autorités religieuses exercent un pouvoir décisif, espère (en vain) qu'elles prendront ses *Méditations* sous leur protection. Tout en reconnaissant la révélation comme source normale de la foi, il soutient que les démonstrations de la raison pourraient être utiles à la conversion des infidèles. \ **2.** presque. \ **3.** Et comme on propose.

vices que pour les vertus, peu de personnes préféreraient le juste à l'utile, si elles n'étaient retenues, ni par la crainte de Dieu, ni par l'attente d'une autre vie. Et quoiqu'il soit absolument vrai, qu'il faut croire qu'il y a un Dieu, parce qu'il est ainsi enseigné dans les Saintes Écritures, et d'autre part qu'il faut croire les Saintes Écritures, parce qu'elles viennent de Dieu ; et cela parce que, la foi étant un don de Dieu, celui-là même qui donne la grâce pour faire croire les autres choses, la peut aussi donner pour nous faire croire qu'il existe : on ne saurait néanmoins proposer cela aux infidèles, qui pourraient s'imaginer que l'on commettrait en ceci la faute que les logiciens nomment un Cercle[1].

Et de vrai, j'ai pris garde que vous autres, Messieurs, avec tous les théologiens, n'assuriez pas seulement que l'existence de Dieu se peut prouver par raison naturelle, mais aussi que l'on infère de la Sainte Écriture[2], que sa connaissance est beaucoup plus claire que celle que l'on a de plusieurs choses créées, et qu'en effet elle est si facile que ceux qui ne l'ont point sont coupables. Comme il paraît par ces paroles de la Sagesse, chapitre 13, où il est dit que leur ignorance n'est point pardonnable : car si leur esprit a pénétré si avant dans la connaissance des choses du monde, comment est-il possible qu'ils n'en aient point trouvé plus facilement le souverain Seigneur[3] ? Et aux Romains, chapitre premier, il est dit qu'ils sont inexcusables. Et encore au même endroit, par ces paroles : Ce qui est connu de Dieu, est manifeste dans eux, il semble que nous soyons avertis, que tout ce qui se peut savoir de Dieu peut

1. Un cercle logique est une erreur de raisonnement consistant à prétendre démontrer en même temps A par B et B par A et à ne pouvoir démontrer l'un que par l'autre. \ **2.** *On infère* : on déduit. Il est significatif que Descartes accepte ici, contrairement à ses habitudes et aux règles de lecture des *Méditations* qui vont suivre, de se référer à l'autorité extérieure des Écritures. \ **3.** On lit en effet dans ce passage de la Bible : « Foncièrement vains tous les hommes qui ont ignoré Dieu et qui, par les biens visibles, n'ont pas été capables de connaître celui qui est et n'ont pas reconnu l'Artisan en considérant les œuvres. »

être montré par des raisons qu'il n'est pas besoin de chercher ailleurs que dans nous-mêmes, et que notre esprit seul est capable de nous fournir. C'est pourquoi j'ai pensé qu'il ne serait point hors de propos, que je fisse voir ici par quels moyens cela se peut faire, et quelle voie il faut tenir, pour arriver à la connaissance de Dieu avec plus de facilité et de certitude que nous ne connaissons les choses de ce monde[1].

Et pour ce qui regarde l'âme, quoique plusieurs aient cru qu'il n'est pas aisé d'en connaître la nature, et que quelques-uns aient même osé dire que les raisons humaines nous persuadaient qu'elle mourait avec le corps, et qu'il n'y avait que la seule Foi qui nous enseignait le contraire, néanmoins, d'autant que le Concile de Latran, tenu sous Léon X, en la session 8, les condamne, et qu'il ordonne expressément aux philosophes chrétiens de répondre à leurs arguments, et d'employer toutes les forces de leur esprit pour faire connaître la vérité, j'ai bien osé l'entreprendre dans cet écrit. Davantage, sachant que la principale raison, qui fait que plusieurs impies ne veulent point croire qu'il y a un Dieu, et que l'âme humaine est distincte du corps[2], est qu'ils disent que personne jusques ici n'a pu démontrer ces deux choses; quoique je ne sois point de leur opinion, mais qu'au contraire je tienne que presque toutes les raisons qui ont été apportées par tant de grands personnages, touchant ces deux questions, sont autant de démonstrations, quand elles sont bien entendues, et qu'il soit presque impossible d'en inventer de nouvelles: si est-ce que

1. Allusion à un passage du Nouveau Testament (Épître de Paul aux Romains, I, 19 *sq.*), relatif aux impies: « ce qu'on peut connaître de Dieu est pour eux manifeste: Dieu en effet le leur a manifesté. Ce qu'il a d'invisible depuis la création du monde se laisse voir à l'intelligence à travers ses œuvres, son éternelle puissance et sa divinité, en sorte qu'ils sont inexcusables. » La suite les accuse d'avoir « perdu le sens dans leurs raisonnements »... Le mode d'accès à la connaissance de Dieu, ici préconisé, n'y est donc pas forcément celui qu'adoptera Descartes... \ **2.** Que l'âme soit distincte du corps, comme Descartes s'efforcera de le démontrer, ne prouve pas son immortalité, mais l'inverse conduirait à affirmer, à la manière épicurienne, qu'elle est mortelle comme lui.

je crois[1] qu'on ne saurait rien faire de plus utile en la philosophie, que d'en rechercher une fois curieusement et avec soin les meilleures et plus solides, et les disposer en un ordre si clair et si exact, qu'il soit constant désormais à tout le monde, que ce sont de véritables démonstrations. Et enfin, d'autant que plusieurs personnes ont désiré cela de moi, qui ont connaissance que j'ai cultivé une certaine méthode pour résoudre toutes sortes de difficultés dans les sciences ; méthode[2] qui de vrai[3] n'est pas nouvelle, n'y ayant rien de plus ancien que la vérité, mais de laquelle ils savent que je me suis servi assez heureusement en d'autres rencontres[4] ; j'ai pensé qu'il était de mon devoir de tenter quelque chose sur ce sujet.

Or j'ai travaillé de tout mon possible pour comprendre dans ce traité tout ce qui s'en peut dire. Ce n'est pas que j'aie ici ramassé toutes les diverses raisons qu'on pourrait alléguer pour servir de preuve à notre sujet : car je n'ai jamais cru que cela fût nécessaire, sinon lorsqu'il n'y en a aucune qui soit certaine[5] ; mais seulement j'ai traité les premières et principales d'une telle manière, que j'ose bien les proposer pour de très évidentes et très certaines démonstrations. Et je dirai de plus qu'elles sont telles, que je ne pense pas qu'il y ait aucune voie par où l'esprit humain en puisse jamais découvrir de meilleures ; car l'importance de l'affaire, et la gloire de Dieu à laquelle tout ceci se rapporte, me contraignent de parler ici un peu plus librement de moi que je n'ai de coutume. Néanmoins, quelque certitude et évidence que je trouve en mes raisons, je ne puis pas me persuader que tout le monde soit capable de les entendre. Mais, tout ainsi que dans la

1. si bien que je crois. \ **2.** Méthode exposée dans le *Discours de la méthode* (1637) et mise en œuvre dans les traités scientifiques qui l'accompagnaient, *La Dioptrique*, *Les Météores* et *La Géométrie*. Dès lors que cette méthode est *en soi* vraie, dit Descartes, elle est en un sens très ancienne ; néanmoins il est peut-être le premier à la mettre en œuvre si clairement. \ **3.** en vérité. \ **4.** occasions. \ **5.** Lorsqu'on accumule les témoignages en faveur de ce qu'on croit, c'est une façon d'avouer qu'on ne sait pas le démontrer.

géometrie il y en a plusieurs qui nous ont été laissées par Archimède[1], par Apollonius[2], par Pappus[3], et par plusieurs autres, qui sont reçues de tout le monde pour très certaines et très évidentes, parce qu'elles ne contiennent rien qui, considéré séparément, ne soit très facile à connaître, et qu'il n'y a point d'endroit où les conséquences ne cadrent et ne conviennent fort bien avec les antécédents ; néanmoins, parce qu'elles sont un peu longues, et qu'elles demandent un esprit tout entier, elles ne sont comprises et entendues que de fort peu de personnes[4] : de même, encore que j'estime que celles dont je me sers ici, égalent, voire même surpassent en certitude et évidence les démonstrations de géométrie, j'appréhende néanmoins qu'elles ne puissent pas être assez suffisamment entendues de plusieurs, tant parce qu'elles sont aussi un peu longues, et dépendantes les unes des autres, que principalement parce qu'elles demandent un esprit entièrement libre de tous préjugés et qui se puisse aisément détacher du commerce des sens. Et en vérité, il ne s'en trouve pas tant dans le monde[5] qui soient propres pour les spéculations métaphysiques, que pour celles de géométrie. Et de plus il y a encore cette différence que, dans la géométrie chacun étant prévenu de l'opinion, qu'il ne s'y avance rien qui n'ait une démonstration certaine, ceux qui n'y sont pas entièrement versés, pèchent bien plus souvent en approuvant de fausses démonstrations,

1. Mathématicien grec (287-212 av. J.-C.) qui se consacra aussi à la physique. \ **2.** Apollonius de Perga (262-180 av. J.-C.), mathématicien grec. \ **3.** Pappus d'Alexandrie, mathématicien du IVe siècle av. J.-C. \ **4.** Comme va l'exposer le développement un peu complexe qui suit : les démonstrations mathématiques sont certaines, bien que leur complexité ne permette pas que tous y accèdent ; de même, Descartes devine que certains lecteurs pourraient ne pas suivre ses raisonnements, bien que ceux-ci soient certains. Sauf qu'en géométrie il arrive (trop) souvent qu'on accepte d'adhérer au raisonnement d'un savant qu'on considérera comme fiable, même si on ne parvient pas complètement à le suivre, tandis qu'en métaphysique, discipline pourtant plus difficile que les mathématiques, chacun, pensant que tout est incertain en la matière, croit pouvoir avoir sa propre opinion... \ **5.** il n'y a pas autant d'hommes dans le monde.

pour faire croire qu'ils les entendent, qu'en réfutant les véritables. Il n'en est pas de même dans la philosophie, où, chacun croyant que toutes ses propositions sont problématiques, peu de personnes s'adonnent à la recherche de la vérité ; et même beaucoup, se voulant acquérir la réputation de forts esprits, ne s'étudient à autre chose qu'à combattre arrogamment les vérités les plus apparentes.

C'est pourquoi, Messieurs, quelque force que puissent avoir mes raisons, parce qu'elles appartiennent à la philosophie, je n'espère pas qu'elles fassent un grand effort[1] sur les esprits, si vous ne les prenez en votre protection[2]. Mais l'estime que tout le monde fait de votre compagnie étant si grande, et le nom de Sorbonne d'une telle autorité, que non seulement en ce qui regarde la Foi, après les sacrés Conciles, on n'a jamais tant déféré au jugement d'aucune autre compagnie, mais aussi en ce qui regarde l'humaine philosophie, chacun croyant qu'il n'est pas possible de trouver ailleurs plus de solidité et de connaissance, ni plus de prudence et d'intégrité pour donner son jugement ; je ne doute point, si vous daignez prendre tant de soin de cet écrit, que de vouloir premièrement le corriger ; car ayant connaissance non seulement de mon infirmité[3], mais aussi de mon ignorance, je n'oserais pas assurer qu'il n'y ait aucunes erreurs ; puis après y ajouter les choses qui y manquent, achever celles qui ne sont pas parfaites, et prendre vous-mêmes la peine de donner une explication plus ample à celles qui en ont besoin, ou du moins de m'en avertir afin que j'y travaille, et enfin, après que les raisons par lesquelles je prouve qu'il y

1. qu'elles exercent une grande force sur les esprits. \ **2.** Nouvel appel au soutien de l'autorité des théologiens de la Sorbonne, qui est l'objet essentiel de cette dédicace. Dans le passage un peu complexe qui suit, Descartes affirme que si les docteurs de la Sorbonne veulent bien corriger les erreurs et parfaire les démonstrations qu'il propose, puis les prendre sous leur protection, il ne doute plus qu'elles permettront de faire disparaître les égarements des incrédules touchant à l'existence de Dieu et à la nature de l'âme. \ **3.** ma faiblesse.

a un Dieu, et que l'âme humaine diffère d'avec le corps, auront été portées jusques au point de clarté et d'évidence, où je m'assure qu'on les peut conduire, qu'elles devront être tenues pour de très exactes démonstrations, vouloir déclarer cela même, et le témoigner publiquement : je ne doute point, dis-je, que si cela se fait, toutes les erreurs et fausses opinions qui ont jamais été touchant ces deux questions, ne soient bientôt effacées de l'esprit des hommes. Car la vérité fera que tous les doctes et gens d'esprit souscriront à votre jugement ; et votre autorité[1], que les athées, qui sont pour l'ordinaire plus arrogants que doctes et judicieux, se dépouilleront de leur esprit de contradiction, ou que peut-être ils soutiendront eux-mêmes les raisons qu'ils verront être reçues par toutes les personnes d'esprit pour des démonstrations, de peur qu'ils ne paraissent n'en avoir pas l'intelligence ; et enfin tous les autres se rendront aisément à tant de témoignages, et il n'y aura plus personne qui ose douter de l'existence de Dieu, et de la distinction réelle et véritable de l'âme humaine d'avec le corps.

C'est à vous maintenant à juger du fruit qui reviendrait de cette créance, si elle était une fois bien établie, qui voyez les désordres que son doute produit ; mais je n'aurais pas ici bonne grâce de recommander davantage la cause de Dieu et de la Religion, à ceux qui en ont toujours été les plus fermes colonnes.

1. Sous-entendu : et votre autorité fera que...

ABRÉGÉ DES SIX MÉDITATIONS SUIVANTES

Dans la première, je mets en avant les raisons pour lesquelles nous pouvons douter généralement de toutes choses, et particulièrement des choses matérielles, au moins tant que nous n'aurons point d'autres fondements dans les sciences, que ceux que nous avons eus jusqu'à présent[1]. Or, bien que l'utilité d'un doute si général ne paraisse pas d'abord, elle est toutefois en cela très grande, qu'il nous délivre de toutes sortes de préjugés, et nous prépare un chemin très facile pour accoutumer notre esprit à se détacher des sens, et enfin, en ce qu'il fait qu'il n'est pas possible que nous ne puissions plus avoir aucun doute, de ce que nous découvrirons après être véritable[2].

Dans la seconde, l'esprit, qui, usant de sa propre liberté, suppose que toutes les choses ne sont point, de l'existence desquelles il a le moindre doute[3], reconnaît qu'il est absolument impossible que cependant il n'existe pas lui-même. Ce qui est aussi d'une très grande utilité, d'autant que par ce moyen il fait aisément distinction des choses qui lui appartiennent, c'est-à-dire à la nature intellectuelle, et de celles qui appartiennent au corps. Mais parce qu'il peut arriver que quelques-uns attendent de moi en ce lieu-là des raisons pour prouver l'immortalité de l'âme, j'estime les devoir maintenant avertir, qu'ayant tâché de ne rien écrire dans ce traité, dont je n'eusse des démonstrations très exactes, je me suis vu

1. Noter cette restriction dans le temps : Descartes prévoit que lorsque l'on trouvera de tels fondements, le doute, bien évidemment, n'embrassera plus comme ici toute chose, ni même toute chose matérielle. \ **2.** *De ce qu'on ne parviendra pas à mettre en doute, il ne sera plus du tout possible de douter.* On devra donc le considérer comme absolument véritable. Le but de ce doute est donc, non le doute pour lui-même, mais la certitude qui suivra. \ **3.** L'esprit suppose que les choses dont il parvient à mettre en doute l'existence n'existent pas.

obligé de suivre un ordre semblable à celui dont se servent les géomètres, savoir est[1], d'avancer toutes les choses desquelles dépend la proposition que l'on cherche, avant que d'en rien conclure[2].

Or la première et principale chose qui est requise, avant que de connaître l'immortalité de l'âme, est d'en former une conception claire et nette, et entièrement distincte de toutes les conceptions que l'on peut avoir du corps : ce qui a été fait en ce lieu-là. Il est requis, outre cela, de savoir que toutes les choses que nous concevons clairement et distinctement sont vraies, selon que nous les concevons : ce qui n'a pu être prouvé avant la quatrième *Méditation*. De plus, il faut avoir une conception distincte de la nature corporelle, laquelle se forme, partie[3] dans cette seconde, et partie dans la cinquième et sixième *Méditation*. Et enfin, l'on doit conclure de tout cela que les choses que l'on conçoit clairement et distinctement être des substances[4] différentes, comme l'on conçoit l'esprit et le corps, sont en effet des substances diverses, et réellement distinctes les unes d'avec les autres : et c'est ce que l'on conclut dans la sixième *Méditation*. Et en la même aussi cela se confirme, de ce que nous ne concevons aucun corps que comme divisible, au lieu que l'esprit, ou l'âme de l'homme, ne se peut concevoir que comme indivisible : car, en effet, nous ne pouvons concevoir la moitié d'aucune âme, comme nous pouvons faire du plus petit de tous les corps ; en sorte que leurs natures ne sont pas seulement reconnues diverses, mais même en quelque façon contraires. Or il faut qu'ils sachent que je ne me suis pas engagé d'en rien dire davantage en ce traité-ci, tant parce que cela suffit pour montrer

1. à savoir. \ **2.** Descartes aborde dans le paragrapge suivant la question de l'immortalité de l'âme, plutôt pour donner les raisons pour lesquelles il n'en traitera pas directement, ou du moins pas complètement, dans les *Méditations*. *Cf.* Glossaire : Âme, p. 197. \ **3.** en partie. \ **4.** *Cf.* Glossaire, p. 214.

assez clairement que de la corruption du corps la mort de l'âme ne s'ensuit pas, et ainsi pour donner aux hommes l'espérance d'une seconde vie après la mort ; comme aussi parce que les prémisses[1] desquelles on peut conclure l'immortalité de l'âme, dépendent de l'explication de toute la physique : premièrement, afin de savoir que généralement toutes les substances, c'est-à-dire toutes les choses qui ne peuvent exister sans être créées de Dieu, sont de leur nature incorruptibles, et ne peuvent jamais cesser d'être, si elles ne sont réduites au néant par ce même Dieu qui leur veuille dénier son concours ordinaire. Et ensuite, afin que l'on remarque que le corps, pris en général, est une substance, c'est pourquoi aussi il ne périt point ; mais que le corps humain, en tant qu'il diffère des autres corps, n'est formé et composé que d'une certaine configuration de membres, et d'autres semblables accidents[2] ; et l'âme humaine, au contraire, n'est point ainsi composée d'aucuns accidents, mais est une pure substance. Car encore que tous ses accidents se changent, par exemple, qu'elle conçoive de certaines choses, qu'elle en veuille d'autres, qu'elle en sente d'autres, etc., c'est pourtant toujours la même âme ; au lieu que le corps humain n'est plus le même, de cela seul que la figure de quelques-unes de ses parties se trouve changée. D'où il s'ensuit que le corps humain peut facilement périr, mais que l'esprit, ou l'âme de l'homme (ce que je ne distingue point), est immortelle de sa nature.

Dans la troisième *Méditation*, il me semble que j'ai expliqué assez au long le principal argument dont je me sers pour prouver l'existence de Dieu. Toutefois, afin que l'esprit du lecteur se pût plus aisément abstraire des sens[3], je n'ai point voulu me servir en ce lieu-là d'aucunes comparaisons tirées

1. Les prémisses sont les propositions premières d'un raisonnement logique, d'où on pourra tirer les conclusions. \ **2.** *Cf.* Glossaire, p. 197. \ **3.** afin que l'esprit du lecteur parvienne à ne pas s'appuyer sur les sens.

des choses corporelles, si bien que peut-être il y est demeuré beaucoup d'obscurités, lesquelles, comme j'espère, seront entièrement éclaircies dans les réponses que j'ai faites aux objections qui m'ont depuis été proposées[1]. Comme, par exemple, il est assez difficile d'entendre[2] comment l'idée d'un être souverainement parfait, laquelle se trouve en nous, contient tant de réalité objective[3], c'est-à-dire participe par représentation à tant de degrés d'être et de perfection, qu'elle doive nécessairement venir d'une cause souverainement parfaite. Mais je l'ai éclairci dans ces réponses, par la comparaison d'une machine fort artificielle, dont l'idée se rencontre dans l'esprit de quelque ouvrier; car, comme l'artifice objectif[4] de cette idée doit avoir quelque cause, à savoir la science de l'ouvrier, ou de quelque autre duquel il l'ait apprise, de même il est impossible que l'idée de Dieu, qui est en nous, n'ait pas Dieu même pour sa cause.

Dans la quatrième, il est prouvé que les choses que nous concevons fort clairement et fort distinctement sont toutes vraies; et ensemble[5] est expliqué en quoi consiste la raison de l'erreur ou fausseté: ce qui doit nécessairement être su, tant pour confirmer les vérités précédentes, que pour mieux entendre celles qui suivent. Mais cependant il est à remarquer que je ne traite nullement en ce lieu-là du péché, c'est-à-dire de l'erreur qui se commet dans la poursuite du bien et du mal, mais seulement de celle qui arrive dans le jugement et le discernement du vrai et du faux; et que je n'entends point y parler des choses qui appartiennent à la foi, ou à la

1. Descartes avait, avant publication, fait circuler le texte des *Méditations* parmi quelques savants de l'époque afin de connaître leurs objections. Ces objections écrites ainsi que les réponses de l'auteur furent publiées en appendice des *Méditations*. \ **2.** de comprendre. \ **3.** Comme on le verra, Descartes entend par « réalité objective » d'une idée son pouvoir de représentation, c'est-à-dire de renvoyer à une réalité. *Cf.* Thèmes et problématiques, pp. 169-172, ce qui concerne la première démonstration de Dieu. \ **4.** le projet de l'ouvrier, avant qu'il donne naissance à une réalisation effective. \ **5.** et en même temps, par la même démonstration.

conduite de la vie, mais seulement de celles qui regardent[1] les vérités spéculatives et connues par l'aide de la seule lumière naturelle[2].

Dans la cinquième, outre que la nature corporelle prise en général y est expliquée, l'existence de Dieu y est encore démontrée par de nouvelles raisons, dans lesquelles toutefois il se peut rencontrer quelques difficultés, mais qui seront résolues dans les réponses aux objections qui m'ont été faites ; et aussi on y découvre de quelle sorte il est véritable[3], que la certitude même des démonstrations géométriques dépend de la connaissance d'un Dieu[4].

Enfin, dans la sixième, je distingue l'action de l'entendement d'avec celle de l'imagination ; les marques de cette distinction y sont décrites. J'y montre que l'âme de l'homme est réellement distincte du corps, et toutefois qu'elle lui est si étroitement conjointe et unie, qu'elle ne compose que comme une même chose avec lui. Toutes les erreurs qui procèdent des sens y sont exposées, avec les moyens de les éviter. Et enfin, j'y apporte toutes les raisons desquelles on peut conclure l'existence des choses matérielles : non que je les juge fort utiles pour prouver ce qu'elles prouvent, à savoir, qu'il y a un monde, que les hommes ont des corps, et autres choses semblables, qui n'ont jamais été mises en doute par aucun homme de bon sens[5] ; mais parce qu'en les considérant de près, l'on vient à connaître qu'elles ne sont pas si fermes ni si évidentes, que celles qui nous conduisent à la

1. qui concernent. \ **2.** Donc, même si on peut être parfois tenté d'en tirer des préceptes pratiques, les *Méditations*, ici aussi, ne portent directement ni sur la morale, ni sur la foi. \ **3.** en quel sens il est véritable. \ **4.** En montrant que notre certitude concernant les idées claires et distinctes est garantie par ce que la suite appellera la « véracité divine », Descartes sera, en effet, conduit à affirmer qu'un mathématicien athée ne saurait être totalement sûr de ses démonstrations. \ **5.** En un sens, c'est bien de ce doute contraire au « bon sens » qu'il était question dès la *Première Méditation*, mais Descartes annonce ici que ce doute-là n'est qu'une étape et un instrument théorique. *Cf.* Glossaire : Doute, p. 203.

connaissance de Dieu et de notre âme ; en sorte que celles-ci sont les plus certaines et les plus évidentes qui puissent tomber en la connaissance de l'esprit humain. Et c'est tout ce que j'ai eu dessein de prouver dans ces six Méditations ; ce qui fait que j'omets ici beaucoup d'autres questions, dont j'ai aussi parlé par occasion dans ce traité.

PREMIÈRE MÉDITATION

Des choses que l'on peut révoquer en doute

Il y a déjà quelque temps que je me suis aperçu que, dès mes premières années, j'avais reçu quantité de fausses opinions pour véritables, et que ce que j'ai depuis fondé sur des principes si mal assurés, ne pouvait être que fort douteux et incertain ; de façon qu'il me fallait entreprendre sérieusement une fois en ma vie de me défaire de toutes les opinions que j'avais reçues jusques alors en ma créance[1], et commencer tout de nouveau dès les fondements, si je voulais établir quelque chose de ferme et de constant dans les sciences. Mais cette entreprise me semblant être fort grande, j'ai attendu que j'eusse atteint un âge qui fût si mûr, que je n'en pusse espérer d'autre après lui, auquel je fusse plus propre à l'exécuter ; ce qui m'a fait différer si longtemps, que désormais je croirais commettre une faute, si j'employais encore à délibérer le temps qu'il me reste pour agir.

Maintenant donc que mon esprit est libre de tous soins, et que je me suis procuré un repos assuré dans une paisible solitude, je m'appliquerai sérieusement et avec liberté à détruire généralement toutes mes anciennes opinions[2]. Or il ne sera pas nécessaire, pour arriver à ce dessein, de prouver qu'elles sont toutes fausses, de quoi peut-être je ne viendrais jamais à bout ; mais, d'autant que la raison me persuade déjà que je ne dois pas moins soigneusement m'empêcher de donner créance aux choses[3] qui ne sont pas entièrement certaines et indubitables, qu'à celles qui nous paraissent manifestement être fausses, le moindre sujet de douter que j'y trouverai,

1. croyance. \ **2.** *Opinion* doit être ici pris au sens strict : le mot désigne toutes les pensées qui ne sont pas sûres. \ **3.** Le doute est donc provoqué, volontaire. Il suppose un réel effort : « m'empêcher » de croire…

suffira pour me les faire toutes rejeter. Et pour cela il n'est pas besoin que je les examine chacune en particulier, ce qui serait d'un travail infini ; mais, parce que la ruine des fondements entraîne nécessairement avec soi tout le reste de l'édifice, je m'attaquerai d'abord aux principes, sur lesquels toutes mes anciennes opinions étaient appuyées.

Tout ce que j'ai reçu jusqu'à présent pour le plus vrai et assuré, je l'ai appris des sens, ou par les sens[1] : or j'ai quelquefois éprouvé que ces sens étaient trompeurs, et il est de la prudence de ne se fier jamais entièrement à ceux qui nous ont une fois trompés.

Mais, encore que les sens nous trompent quelquefois, touchant les choses peu sensibles et fort éloignées, il s'en rencontre peut-être beaucoup d'autres, desquelles on ne peut pas raisonnablement douter, quoique nous les connaissions par leur moyen : par exemple, que je sois ici, assis auprès du feu, vêtu d'une robe de chambre, ayant ce papier entre les mains, et autres choses de cette nature. Et comment est-ce que je pourrais nier que ces mains et ce corps-ci soient à moi ? si ce n'est peut-être que je me compare à ces insensés, de qui le cerveau est tellement troublé et offusqué[2] par les noires vapeurs de la bile[3], qu'ils assurent constamment qu'ils sont des rois, lorsqu'ils sont très pauvres ; qu'ils sont vêtus d'or et de pourpre, lorsqu'ils sont tout nus ; ou s'imaginent être des cruches, ou avoir un corps de verre. Mais quoi ? ce sont des fous, et je ne serais pas moins extravagant, si je me réglais sur leurs exemples.

Toutefois j'ai ici à considérer que je suis homme, et par conséquent que j'ai coutume de dormir et de me représenter en mes songes les mêmes choses, ou quelquefois de moins

1. Descartes ne dit pas que c'est le plus assuré, mais *ce qu'il a reçu pour* tel, qui venait des sens. C'était un préjugé. *Cf. Sixième Méditation*, p. 114. \ **2.** Au sens propre, *offusquer* signifie empêcher de voir. \ **3.** Allusion aux théories médicales de l'époque.

vraisemblables, que ces insensés, lorsqu'ils veillent[1]. Combien de fois m'est-il arrivé de songer, la nuit, que j'étais en ce lieu, que j'étais habillé, que j'étais auprès du feu, quoique je fusse tout nu dedans mon lit ? Il me semble bien à présent que ce n'est point avec des yeux endormis que je regarde ce papier ; que cette tête que je remue n'est point assoupie ; que c'est avec dessein et de propos délibéré que j'étends cette main, et que je la sens : ce qui arrive dans le sommeil ne semble point si clair ni si distinct que tout ceci. Mais, en y pensant soigneusement, je me ressouviens d'avoir été souvent trompé, lorsque je dormais, par de semblables illusions. Et m'arrêtant sur cette pensée, je vois si manifestement qu'il n'y a point d'indices concluants, ni de marques assez certaines par où l'on puisse distinguer nettement la veille d'avec le sommeil, que j'en suis tout étonné ; et mon étonnement est tel, qu'il est presque capable de me persuader que je dors.

Supposons donc maintenant que nous sommes endormis, et que toutes ces particularités-ci, à savoir, que nous ouvrons les yeux, que nous remuons la tête, que nous étendons les mains, et choses semblables, ne sont que de fausses illusions ; et pensons que peut-être nos mains, ni tout notre corps, ne sont pas tels que nous les voyons. Toutefois il faut au moins avouer que les choses qui nous sont représentées dans le sommeil, sont comme des tableaux et des peintures, qui ne peuvent être formées qu'à la ressemblance de quelque chose de réel et de véritable ; et qu'ainsi, pour le moins, ces choses

1. Sans se maintenir dans l'hypothèse limite de la folie, Descartes évoque donc une expérience psychologiquement aussi efficace, mais que tout le monde fait : le rêve. La vie n'est pas un songe... Certes, mais il faut se donner les moyens de le prouver. \ **2.** Comme le précisera le paragraphe suivant en reprenant la notion de « choses générales », la pensée s'éloigne ici peu à peu des choses particulières et complexes, tels que les corps dans leur ensemble, vers des natures plus simples et plus universelles (têtes, mains, puis couleurs, puis figures, quantités, grandeurs, voire temps, durée...) à propos desquelles le doute serait de plus en plus difficile. Le singulier (un homme par exemple) serait donc plus complexe, moins simple que les éléments (la tête, les mains...) qui, en devenant moins sensibles et plus impersonnels, désigneraient quelque chose de plus général et par là plus difficile à mettre en doute.

générales[1], à savoir, des yeux, une tête, des mains, et tout le reste du corps, ne sont pas choses imaginaires, mais vraies et existantes. Car de vrai les peintres, lors même qu'ils s'étudient avec le plus d'artifice à représenter des sirènes et des satyres par des formes bizarres et extraordinaires, ne leur peuvent pas toutefois attribuer des formes et des natures entièrement nouvelles, mais font seulement un certain mélange et composition des membres de divers animaux ; ou bien, si peut-être leur imagination est assez extravagante pour inventer quelque chose de si nouveau, que jamais nous n'ayons rien vu de semblable, et qu'ainsi leur ouvrage nous représente une chose purement feinte et absolument fausse, certes à tout le moins les couleurs dont ils le composent doivent-elles être véritables.

Et par la même raison, encore que ces choses générales, à savoir, des yeux, une tête, des mains, et autres semblables, pussent être imaginaires, il faut toutefois avouer qu'il y a des choses encore plus simples et plus universelles, qui sont vraies et existantes ; du mélange desquelles, ni plus ni moins que de celui de quelques véritables couleurs, toutes ces images des choses qui résident en notre pensée, soit vraies et réelles, soit feintes et fantastiques, sont formées. De ce genre de choses[1] est la nature corporelle en général, et son étendue ; ensemble la figure des choses étendues, leur quantité ou grandeur, et leur nombre ; comme aussi le lieu où elles sont, le temps qui mesure leur durée, et autres semblables.

C'est pourquoi peut-être que de là nous ne conclurons pas mal, si nous disons que la physique, l'astronomie, la médecine, et toutes les autres sciences qui dépendent de la considération des choses composées, sont fort douteuses et incertaines ; mais que l'arithmétique, la géométrie, et les

1. Celles qui sont générales et simples, et qui procurent ici la matière même de l'imaginaire.

autres sciences de cette nature, qui ne traitent que de choses fort simples et fort générales, sans se mettre beaucoup en peine si elles sont dans la nature[1], ou si elles n'y sont pas, contiennent quelque chose de certain et d'indubitable. Car, soit que je veille ou que je dorme, deux et trois joints ensemble formeront toujours le nombre de cinq, et le carré n'aura jamais plus de quatre côtés ; et il ne semble pas possible que des vérités si apparentes puissent être soupçonnées d'aucune fausseté ou d'incertitude.

Toutefois il y a longtemps que j'ai dans mon esprit une certaine opinion, qu'il y a un Dieu qui peut tout, et par qui j'ai été créé et produit tel que je suis. Or qui me peut avoir assuré que ce Dieu n'ait point fait qu'il n'y ait aucune terre, aucun ciel, aucun corps étendu, aucune figure, aucune grandeur, aucun lieu, et que néanmoins j'aie les sentiments de toutes ces choses, et que tout cela ne me semble point exister autrement que je le vois ? Et même, comme je juge quelquefois que les autres se méprennent, même dans les choses qu'ils pensent savoir avec le plus de certitude, il se peut faire qu'il ait voulu que je me trompe toutes les fois que je fais l'addition de deux et de trois, ou que je nombre[2] les côtés d'un carré, ou que je juge de quelque chose encore plus facile, si l'on se peut imaginer rien de plus facile que cela. Mais peut-être que Dieu n'a pas voulu que je fusse déçu de la sorte, car il est dit souverainement bon. Toutefois, si cela répugnait à sa bonté, de m'avoir fait tel que je me trompasse toujours, cela semblerait aussi lui être aucunement contraire, de

1. C'est un thème constant chez Descartes, les mathématiques se présentent dans l'histoire comme les plus certaines de toutes les sciences, précisément parce qu'elles traitent d'objets entièrement « purs », c'est-à-dire indépendants de la réalité sensible (voir par exemple la deuxième des *Règles pour la direction de l'esprit* : « On voit clairement pourquoi l'arithmétique et la géométrie sont beaucoup plus certaines que les autres sciences : c'est que seules elles traitent d'un objet assez pur et simple pour n'admettre absolument rien que l'expérience ait rendu incertain. ») \ **2.** ou que je compte.

permettre que je me trompe quelquefois, et néanmoins je ne puis douter qu'il ne le permette[1].

Il y aura peut-être ici des personnes qui aimeront mieux nier l'existence d'un Dieu si puissant, que de croire que toutes les autres choses sont incertaines. Mais ne leur résistons pas pour le présent, et supposons, en leur faveur, que tout ce qui est dit ici d'un Dieu soit une fable. Toutefois, de quelque façon qu'ils supposent que je sois parvenu à l'état et à l'être que je possède, soit qu'ils l'attribuent à quelque destin ou fatalité, soit qu'ils le réfèrent au hasard, soit qu'ils veuillent que ce soit par une continuelle suite et liaison des choses, il est certain que, puisque faillir et se tromper est une espèce d'imperfection, d'autant moins puissant sera l'auteur qu'ils attribueront à mon origine, d'autant plus sera-t-il probable que je suis tellement imparfait que je me trompe toujours[2]. Auxquelles raisons je n'ai certes rien à répondre, mais je suis contraint d'avouer que, de toutes les opinions que j'avais autrefois reçues en ma créance pour véritables, il n'y en a pas une de laquelle je ne puisse maintenant douter, non par aucune inconsidération ou légèreté, mais pour des raisons très fortes et mûrement considérées : de sorte qu'il est nécessaire que j'arrête et suspende désormais mon jugement sur ces pensées, et que je ne leur donne pas plus de créance, que je ferais à des choses qui me paraîtraient évidemment fausses si je désire trouver quelque chose de constant et d'assuré dans les sciences.

1. La traduction n'est pas claire : je sais qu'il m'arrive de me tromper et je ne peux donc douter que Dieu ait permis l'erreur, même s'il ne m'y a pas irrémédiablement condamné, ce qui serait contraire à sa bonté. La *Quatrième Méditation* éclaircira ce problème. Pour le moment, c'est une simple *possibilité* d'être trompé qui suffit à motiver le doute provisoire, même à propos des vérités mathématiques. \ **2.** Ceux qui nient l'existence de Dieu supposent donc qu'ils ont été produits par une cause encore moins parfaite que Dieu et ils n'en ont que des raisons supplémentaires de douter de leur jugement. Si leur esprit est encore moins fiable à leurs propres yeux que ne l'est au sien celui du croyant, leur athéisme doit logiquement leur barrer le chemin de la certitude… Cette idée se précisera dans les Méditations suivantes.

Mais il ne suffit pas d'avoir fait ces remarques, il faut encore que je prenne soin de m'en souvenir ; car ces anciennes et ordinaires opinions me reviennent encore souvent en la pensée, le long et familier usage qu'elles ont eu avec moi leur donnant droit d'occuper mon esprit contre mon gré, et de se rendre presque maîtresses de ma créance. Et je ne me désaccoutumerai jamais d'y acquiescer, et de prendre confiance en elles, tant que je les considérerai telles qu'elles sont en effet, c'est à savoir en quelque façon douteuses, comme je viens de montrer, et toutefois fort probables, en sorte que l'on a beaucoup plus de raison de les croire que de les nier. C'est pourquoi je pense que j'en userai plus prudemment, si, prenant un parti contraire, j'emploie tous mes soins à me tromper moi-même[1], feignant que toutes ces pensées sont fausses et imaginaires ; jusques à ce qu'ayant tellement balancé mes préjugés[2], qu'ils ne puissent faire pencher mon avis plus d'un côté que d'un autre, mon jugement ne soit plus désormais maîtrisé par de mauvais usages et détourné du droit chemin qui le peut conduire à la connaissance de la vérité. Car je suis assuré que cependant il ne peut y avoir de péril ni d'erreur en cette voie, et que je ne saurais aujourd'hui trop accorder à ma défiance, puisqu'il n'est pas maintenant question d'agir, mais seulement de méditer et de connaître[3].

Je supposerai donc qu'il y a, non point un vrai Dieu, qui est la souveraine source de vérité, mais un certain mauvais

1. Le texte latin ajoutait ici *aliquamdiu* (passablement longtemps), soulignant ainsi que cet exercice volontaire du doute n'est pas définitif. \ **2.** C'est-à-dire, les ayant soumis à la méthode du doute systématique. \ **3.** Remarque essentielle. S'il s'agissait d'agir, il serait souvent déraisonnable de douter du probable comme si c'était du faux, comme le dit expressément la 3e partie du *Discours de la méthode* : « afin que je ne demeurasse point irrésolu en mes actions, pendant que la raison m'obligerait de l'être en mes jugements… » Mais ici, « libre de tous soins », ce qu'on recherche, c'est « quelque chose de constant et d'assuré dans les sciences. » Les méditations supposent donc que l'esprit s'est momentanément libéré de la pression de la vie quotidienne, qui exige souvent de nous des décisions qu'il faut prendre même si l'on n'est certain de rien.

génie, non moins rusé et trompeur que puissant qui a employé toute son industrie à me tromper[1]. Je penserai que le ciel, l'air, la terre, les couleurs, les figures, les sons et toutes les choses extérieures que nous voyons, ne sont que des illusions et tromperies, dont il se sert pour surprendre ma crédulité. Je me considérerai moi-même comme n'ayant point de mains, point d'yeux, point de chair, point de sang, comme n'ayant aucuns sens, mais croyant faussement avoir toutes ces choses. Je demeurerai obstinément attaché à cette pensée ; et si, par ce moyen, il n'est pas en mon pouvoir de parvenir à la connaissance d'aucune vérité, à tout le moins il est en ma puissance de suspendre mon jugement[2]. C'est pourquoi je prendrai garde soigneusement de ne point recevoir en ma croyance aucune fausseté, et préparerai si bien mon esprit à toutes les ruses de ce grand trompeur, que, pour puissant et rusé qu'il soit, il ne pourra jamais rien imposer.

Mais ce dessein est pénible et laborieux, et une certaine paresse m'entraîne insensiblement dans le train de ma vie ordinaire. Et tout de même qu'un esclave qui jouissait dans le sommeil d'une liberté imaginaire, lorsqu'il commence à soupçonner que sa liberté n'est qu'un songe, craint d'être réveillé, et conspire avec ces illusions agréables pour en être plus longuement abusé, ainsi je retombe insensiblement de moi-même dans mes anciennes opinions, et j'appréhende de me réveiller de cet assoupissement, de peur que les veilles

1. L'évocation d'un malin (mauvais, méchant) génie relaie donc celle d'un Dieu trompeur, théologiquement contestable (car comment concilier la bonté divine avec la tromperie ?). Cette hypothèse prend désormais tout son sens : il s'agit de créer un artifice qui me permette de considérer comme faux ce qui n'est que douteux, ce qui n'est jamais une attitude naturelle. \ **2.** Rien ni personne ne peut me forcer à croire à ce qui est douteux, pas même un Génie tout-puissant. D'emblée, je suis donc responsable de mon adhésion à ce qui est douteux, voire faux. La *Quatrième Méditation* y reviendra.

laborieuses qui succéderaient à la tranquillité de ce repos, au lieu de m'apporter quelque jour et quelque lumière dans la connaissance de la vérité, ne fussent pas suffisantes pour éclaircir les ténèbres des difficultés qui viennent d'être agitées[1].

1. La Méditation s'achève sur une description de l'état psychologique inconfortable et instable produit par le doute généralisé, si désagréable qu'on préférerait retourner à ses préjugés plutôt que d'être condamné à rester dans une telle incertitude. D'où la recherche d'une issue à cette alternative entre croyance illusoire et scepticisme généralisé, issue que trouvera la Méditation suivante.

MÉDITATION SECONDE

De la nature de l'esprit humain ; et qu'il est plus aisé à connaître que le corps

La *Méditation* que je fis hier m'a rempli l'esprit de tant de doutes, qu'il n'est plus désormais en ma puissance de les oublier. Et cependant je ne vois pas de quelle façon je les pourrai résoudre ; et comme si tout à coup j'étais tombé dans une eau très profonde, je suis tellement surpris, que je ne puis ni assurer mes pieds dans le fond, ni nager pour me soutenir au-dessus. Je m'efforcerai[1] néanmoins, et suivrai derechef[2] la même voie où j'étais entré hier, en m'éloignant de tout ce en quoi je pourrai imaginer le moindre doute, tout de même que si je connaissais que cela fût absolument faux ; et je continuerai toujours dans ce chemin, jusqu'à ce que j'aie rencontré quelque chose de certain, ou du moins, si je ne puis autre chose, jusqu'à ce que j'aie appris certainement, qu'il n'y a rien au monde de certain.

Archimède, pour tirer le globe terrestre de sa place et le transporter en un autre lieu, ne demandait rien qu'un point qui fût fixe et assuré[3]. Ainsi j'aurai droit de concevoir de hautes espérances, si je suis assez heureux pour trouver seulement une chose qui soit certaine et indubitable.

Je suppose donc que toutes les choses que je vois sont fausses ; je me persuade que rien n'a jamais été de tout ce que ma mémoire remplie de mensonges me représente ; je pense n'avoir aucun sens ; je crois que le corps, la figure, l'étendue, le mouvement et le lieu ne sont que des fictions de mon esprit.

1. Je poursuivrai mes efforts. \ **2.** de nouveau. \ **3.** Dès lors qu'on a découvert le principe du levier, si on trouvait un point d'appui, on pourrait soulever la Terre… À partir d'une première certitude solide, point d'appui de toute certitude, il deviendrait de la même façon possible de fonder tout le savoir possible.

Qu'est-ce donc qui pourra être estimé véritable ? Peut-être rien autre chose, sinon qu'il n'y a rien au monde de certain.

Mais que sais-je s'il n'y a point quelque autre chose différente de celles que je viens de juger incertaines, de laquelle on ne puisse avoir le moindre doute[1] ? N'y a-t-il point quelque Dieu, ou quelque autre puissance, qui me met en l'esprit ces pensées ? Cela n'est pas nécessaire ; car peut-être que je suis capable de les produire de moi-même. Moi donc à tout le moins ne suis-je pas quelque chose ? Mais j'ai déjà nié que j'eusse aucun sens ni aucun corps. J'hésite néanmoins, car que s'ensuit-il de là ? Suis-je tellement dépendant du corps et des sens, que je ne puisse être sans eux ? Mais je me suis persuadé qu'il n'y avait rien du tout dans le monde, qu'il n'y avait aucun ciel, aucune terre, aucuns esprits, ni aucuns corps ; ne me suis-je donc pas aussi persuadé que je n'étais point ? Non certes, j'étais sans doute, si je me suis persuadé, ou seulement si j'ai pensé quelque chose. Mais il y a un je ne sais quel trompeur — très puissant et très rusé, qui emploie toute son industrie à me tromper toujours. Il n'y a donc point de doute que je suis, s'il me trompe ; et qu'il me trompe tant qu'il voudra, il ne saurait jamais faire que je ne sois rien, tant que je penserai être quelque chose. De sorte qu'après y avoir bien pensé, et avoir soigneusement examiné toutes choses, enfin il faut conclure, et tenir pour constant que cette proposition : *Je suis, j'existe*, est nécessairement vraie, toutes les fois que je la prononce, ou que je la conçois en mon esprit.

Mais je ne connais pas encore assez clairement ce que je suis, moi qui suis certain que je suis ; de sorte que désormais il faut que je prenne soigneusement garde de ne prendre pas imprudemment quelque autre chose pour moi, et ainsi de ne

1. À partir d'ici, le doute, tout en continuant de s'exercer sur ce qui reste douteux, a atteint son maximum de radicalité ; débute alors la conquête de ce qui est certain, dont le *cogito*, dans l'ordre de la méditation, sera la première expérience.

me point méprendre dans cette connaissance, que je soutiens être plus certaine et plus évidente que toutes celles que j'ai eues auparavant[1].

C'est pourquoi je considérerai derechef ce que je croyais être avant que j'entrasse dans ces dernières pensées ; et de mes anciennes opinions je retrancherai tout ce qui peut être combattu par les raisons que j'ai tantôt alléguées, en sorte qu'il ne demeure précisément rien que ce qui est entièrement indubitable. Qu'est-ce donc que j'ai cru être ci-devant ? Sans difficulté, j'ai pensé que j'étais un homme. Mais qu'est-ce qu'un homme ? Dirai-je que c'est un animal raisonnable ? Non certes : car il faudrait par après rechercher ce que c'est qu'animal, et ce que c'est que raisonnable, et ainsi d'une seule question nous tomberions insensiblement en une infinité d'autres plus difficiles et embarrassées, et je ne voudrais pas abuser du peu de temps et de loisir qui me reste, en l'employant à démêler de semblables subtilités. Mais je m'arrêterai plutôt à considérer ici les pensées qui naissaient ci-devant d'elles-mêmes en mon esprit, et qui ne m'étaient inspirées que de ma seule nature, lorsque je m'appliquais à la considération de mon être. Je me considérais, premièrement, comme ayant un visage, des mains, des bras, et toute cette machine composée d'os et de chair, telle qu'elle paraît en un cadavre, laquelle je désignais par le nom de corps. Je considérais, outre cela, que je me nourrissais, que je marchais, que je sentais et que je pensais, et je rapportais toutes ces actions à l'âme[2] ;

1. Il s'agit donc d'analyser ce qui m'est révélé par l'expérience du *cogito* et d'éviter les confusions quant à la nature de ce « je », sujet du « je suis, je pense » dont la certitude est éprouvée dans cette expérience. \ **2.** L'âme au sens commun (dont Descartes se démarque) est donc d'une part faculté de se mouvoir et de sentir (elle anime le corps) et d'autre part faculté générale de penser (« esprit », dont l'un des sens était : matière subtile, souffle…). Cette conception présentée ici comme commune est très proche de celle d'Aristote dans le traité *De l'âme*. Aristote était déjà discrètement visé à travers la définition de l'homme comme « animal raisonnable ».

mais je ne m'arrêtais point à penser ce que c'était que cette âme, ou bien, si je m'y arrêtais, j'imaginais qu'elle était quelque chose extrêmement rare et subtile, comme un vent, une flamme ou un air très délié, qui était insinué et répandu dans mes plus grossières parties. Pour ce qui était du corps, je ne doutais nullement de sa nature ; car je pensais la connaître fort distinctement, et, si je l'eusse voulu expliquer suivant les notions que j'en avais, je l'eusse décrite en cette sorte. Par le corps, j'entends tout ce qui peut être terminé par quelque figure ; qui peut être compris en quelque lieu, et remplir un espace en telle sorte que tout autre corps en soit exclu ; qui peut être senti, ou par l'attouchement, ou par la vue, ou par l'ouïe, ou par le goût, ou par l'odorat ; qui peut être mû en plusieurs façons, non par lui-même, mais par quelque chose d'étranger duquel il soit touché et dont il reçoive l'impression. Car d'avoir en soi la puissance de se mouvoir, de sentir et de penser, je ne croyais aucunement que l'on dût attribuer ces avantages à la nature corporelle[1] ; au contraire, je m'étonnais plutôt de voir que de semblables facultés se rencontraient en certains corps.

Mais moi, qui suis-je, maintenant que je suppose qu'il y a quelqu'un qui est extrêmement puissant et, si je l'ose dire, malicieux et rusé, qui emploie toutes ses forces et toute son industrie à me tromper ? Puis-je m'assurer d'avoir la moindre de toutes les choses que j'ai attribuées ci-dessus à la nature corporelle ? Je m'arrête à y penser avec attention, je passe et repasse toutes ces choses en mon esprit, et je n'en rencontre aucune que je puisse dire être en moi. Il n'est pas besoin que je m'arrête à les dénombrer. Passons donc aux attributs de

1. Descartes, qui passe ici en revue ses pensées ordinaires, affirme donc que, même au niveau du sens commun, l'idée qu'un corps s'anime lui-même est inconcevable. Cela se retrouvera dans sa physique, dans laquelle il refusera toujours de recourir à la notion de force, qu'il considère comme obscure, voire occulte.

l'âme, et voyons s'il y en a quelques-uns qui soient en moi. Les premiers sont de me nourrir et de marcher ; mais s'il est vrai que je n'aie point de corps, il est vrai aussi que je ne puis marcher ni me nourrir. Un autre est de sentir ; mais on ne peut aussi sentir sans le corps : outre que j'ai pensé sentir autrefois plusieurs choses pendant le sommeil, que j'ai reconnu à mon réveil n'avoir point en effet senties. Un autre est de penser ; et je trouve ici que la pensée est un attribut qui m'appartient : elle seule ne peut être détachée de moi. *Je suis, j'existe* : cela est certain ; mais combien de temps ? À savoir, autant de temps que je pense ; car peut-être se pourrait-il faire, si je cessais de penser, que je cesserais en même temps d'être ou d'exister[1]. Je n'admets maintenant rien qui ne soit nécessairement vrai : je ne suis donc, précisément parlant, qu'une chose qui pense, c'est-à-dire un esprit, un entendement ou une raison, qui sont des termes dont la signification m'était auparavant inconnue. Or je suis une chose vraie, et vraiment existante ; mais quelle chose ? Je l'ai dit : une chose qui pense.

Et quoi davantage ? J'exciterai encore mon imagination, pour chercher si je ne suis point quelque chose de plus. Je ne suis point cet assemblage de membres, que l'on appelle le corps humain ; je ne suis point un air délié et pénétrant, répandu dans tous ces membres ; je ne suis point un vent, un souffle, une vapeur, ni rien de tout ce que je puis feindre et imaginer, puisque j'ai supposé que tout cela n'était rien, et que, sans changer cette supposition, je trouve que je ne laisse pas[2] d'être certain que je suis quelque chose.

1. C'est-à-dire qu'en l'état actuel de la méditation, la certitude du « je » dans l'expérience du « je pense » ne s'étend pas au-delà de la durée de cette expérience. Quand j'y pense, je suis sûr d'être « une chose qui pense ». Par ailleurs, Descartes ne veut pas dire que « je suis un corps » est une pensée définitivement fausse, mais que pour l'instant, ce n'est pas cela qui m'est révélé par l'expérience fondamentale du *cogito* ; donc cela reste provisoirement douteux. \ **2.** je ne cesse pas.

Mais aussi peut-il arriver que ces mêmes choses, que je suppose n'être point, parce qu'elles me sont inconnues, ne sont point en effet[1] différentes de moi, que je connais ? Je n'en sais rien ; je ne dispute pas maintenant de cela, je ne puis donner mon jugement que des choses qui me sont connues : j'ai reconnu que j'étais, et je cherche quel je suis, moi que j'ai reconnu être. Or il est très certain que cette notion et connaissance de moi-même, ainsi précisément prise, ne dépend point des choses dont l'existence ne m'est pas encore connue ; ni par conséquent, et à plus forte raison, d'aucunes de celles qui sont feintes et inventées par l'imagination. Et même ces termes de feindre et d'imaginer m'avertissent de mon erreur ; car je feindrais en effet, si j'imaginais être quelque chose, puisque imaginer n'est autre chose que contempler la figure ou l'image d'une chose corporelle[2]. Or je sais déjà certainement que je suis, et que tout ensemble il se peut faire que toutes ces images-là, et généralement toutes les choses que l'on rapporte à la nature du corps, ne soient que des songes ou des chimères. En suite de quoi je vois clairement que j'aurais aussi peu de raison en disant : j'exciterai mon imagination pour connaître plus distinctement qui je suis, que si je disais : je suis maintenant éveillé, et j'aperçois quelque chose de réel et de véritable ; mais, parce que je ne l'aperçois pas encore assez nettement, je m'endormirai tout exprès, afin que mes songes me représentent cela même avec plus de vérité et d'évidence. Et ainsi, je reconnais certainement que rien de tout ce que je puis comprendre par le moyen de l'imagination, n'appartient à cette connaissance que j'ai de moi-même, et qu'il est besoin de rappeler et détourner son esprit de cette façon de concevoir, afin qu'il puisse lui-même reconnaître bien distinctement sa nature.

1. en réalité. \ **2.** Noter cette conception de l'imagination ; *cf.* aussi Glossaire, p. 207.

Mais qu'est-ce donc que je suis ? Une chose qui pense. Qu'est-ce qu'une chose qui pense ? C'est-à-dire une chose qui doute, qui conçoit, qui affirme, qui nie, qui veut, qui ne veut pas, qui imagine aussi, et qui sent[1]. Certes ce n'est pas peu si toutes ces choses appartiennent à ma nature. Mais pourquoi n'y appartiendraient-elles pas ? Ne suis-je pas encore ce même qui doute presque de tout, qui néanmoins entends et conçois certaines choses, qui assure et affirme celles-là seules être véritables, qui nie toutes les autres, qui veux et désire d'en connaître davantage, qui ne veux pas être trompé, qui imagine beaucoup de choses, même quelquefois en dépit que j'en aie[2], et qui en sens aussi beaucoup, comme par l'entremise des organes du corps ? Y a-t-il rien de tout cela qui ne soit aussi véritable qu'il est certain que je suis, et que j'existe, quand même je dormirais toujours, et que celui qui m'a donné l'être se servirait de toutes ses forces pour m'abuser[3] ? Y a-t-il aussi aucun de ces attributs qui puisse être distingué de ma pensée, ou qu'on puisse dire être séparé de moi-même ? Car il est de soi si évident que c'est moi qui doute, qui entends, et qui désire, qu'il n'est pas ici besoin de rien ajouter pour l'expliquer. Et j'ai aussi certainement la puissance d'imaginer ; car encore qu'il puisse arriver (comme j'ai supposé auparavant) que les choses que j'imagine ne soient pas vraies, néanmoins cette puissance d'imaginer ne laisse pas d'être réellement en moi, et fait partie de ma pensée. Enfin je suis le même qui sens, c'est-à-dire qui reçois et connais les choses comme par les organes des sens, puisqu'en effet je vois la

1. Contrairement aux apparences, Descartes ne se contredit pas : imaginer, sentir, peuvent être éprouvés comme une expérience de corps extérieurs à moi, dont on a vu que la réalité demeure pour l'instant douteuse. Mais que j'imagine, que je sente, même sans rien d'extérieur à ma pensée, cela n'est pas douteux. Comme l'exprimera la fin du paragraphe, imaginer, sentir, ne sont ici considérés comme rien d'autre que des modalités de ma pensée (*cf.* Thèmes et problématiques, pp. 165-166). \ **2.** malgré moi. \ **3.** *Abuser* : initialement « user mal » ; ici : tromper.

lumière, j'ouïs le bruit, je ressens la chaleur. Mais l'on me dira que ces apparences sont fausses et que je dors. Qu'il soit ainsi ; toutefois, à tout le moins il est très certain qu'il me semble que je vois, que j'ouïs, et que je m'échauffe ; et c'est proprement ce qui en moi s'appelle sentir, et cela, pris ainsi précisément, n'est rien autre chose que penser. D'où je commence à connaître quel je suis, avec un peu plus de lumière et de distinction que ci-devant.

Mais je ne me puis empêcher de croire que les choses corporelles, dont les images se forment par ma pensée, et qui tombent sous le sens, ne soient plus distinctement connues que cette je ne sais quelle partie de moi-même qui ne tombe point sous l'imagination : quoiqu'en effet ce soit une chose bien étrange, que des choses que je trouve douteuses et éloignées, soient plus clairement et plus facilement connues de moi, que celles qui sont véritables et certaines, et qui appartiennent à ma propre nature[1]. Mais je vois bien ce que c'est : mon esprit se plaît de s'égarer, et ne se peut encore contenir dans les justes bornes de la vérité. Relâchons-lui donc encore une fois la bride, afin que, venant ci-après à la retirer doucement et à propos, nous le puissions plus facilement régler et conduire.

Commençons par la considération des choses les plus communes, et que nous croyons comprendre le plus distinctement, à savoir les corps que nous touchons et que nous voyons. Je n'entends pas parler des corps en général, car ces notions générales sont d'ordinaire plus confuses, mais de quelqu'un[2] en particulier. Prenons pour exemple ce morceau de cire qui vient d'être tiré de la ruche : il n'a pas encore perdu la douceur du miel qu'il contenait, il retient encore quelque chose de l'odeur des fleurs dont il a été recueilli ; sa couleur,

1. Retour provisoire aux impressions premières : des corps semblent plus familiers et plus faciles à connaître qu'un esprit. L'analyse du morceau de cire, qui va suivre, aura pour objectif de montrer le contraire. \ **2.** un corps.

sa figure, sa grandeur, sont apparentes ; il est dur, il est froid, on le touche, et si vous le frappez, il rendra quelque son. Enfin toutes les choses qui peuvent distinctement faire connaître un corps, se rencontrent en celui-ci.

Mais voici que, cependant que je parle, on l'approche du feu : ce qui y restait de saveur s'exhale, l'odeur s'évanouit, sa couleur se change, sa figure se perd, sa grandeur augmente, il devient liquide, il s'échauffe, à peine le peut-on toucher, et quoiqu'on le frappe, il ne rendra plus aucun son. La même cire demeure-t-elle après ce changement ? Il faut avouer qu'elle demeure ; et personne ne le peut nier. Qu'est-ce donc que l'on connaissait en ce morceau de cire avec tant de distinction ? Certes ce ne peut être rien de tout ce que j'y ai remarqué par l'entremise des sens, puisque toutes les choses qui tombaient sous le goût, ou l'odorat, ou la vue, ou l'attouchement, ou l'ouïe, se trouvent changées, et cependant la même cire demeure[1]. Peut-être était-ce ce que je pense maintenant, à savoir que la cire n'était pas ni cette douceur du miel, ni cette agréable odeur des fleurs, ni cette blancheur, ni cette figure, ni ce son, mais seulement un corps qui un peu auparavant me paraissait sous ces formes, et qui maintenant se fait remarquer sous d'autres. Mais qu'est-ce, précisément parlant, que j'imagine, lorsque je la conçois en cette sorte ? Considérons-le attentivement, et éloignant toutes les choses qui n'appartiennent point à la cire, voyons ce qui reste. Certes il ne demeure rien que quelque chose d'étendu, de flexible et de muable. Or qu'est-ce que cela : flexible et muable ? N'est-ce pas que j'imagine que cette cire étant ronde est capable de devenir carrée, et de passer du carré en une figure

1. Couleur, saveur, odeur, etc., qui peuvent disparaître sans que je juge qu'il s'agit d'un autre corps, ne sont donc pas des qualités essentielles à ce corps. Par suite, ce n'est donc pas par mes sens, qui voient, goûtent, etc., que je connais la vraie nature de la cire.

triangulaire ? Non certes, ce n'est pas cela, puisque je la conçois capable de recevoir une infinité de semblables changements, et je ne saurais néanmoins parcourir cette infinité par mon imagination, et par conséquent cette conception que j'ai de la cire ne s'accomplit pas par la faculté d'imaginer[1].

Qu'est-ce maintenant que cette extension ? N'est-elle pas aussi inconnue, puisque dans la cire qui se fond elle augmente, et se trouve encore plus grande quand elle est entièrement fondue, et beaucoup plus encore quand la chaleur augmente davantage ? Et je ne concevrais pas clairement et selon la vérité ce que c'est que la cire, si je ne pensais qu'elle est capable de recevoir plus de variétés selon l'extension, que je n'en ai jamais imaginé. Il faut donc que je tombe d'accord, que je ne saurais pas même concevoir par l'imagination ce que c'est que cette cire, et qu'il n'y a que mon entendement seul qui le conçoive, je dis ce morceau de cire en particulier, car pour la cire en général, il est encore plus évident. Or quelle est cette cire, qui ne peut être conçue que par l'entendement ou l'esprit ? Certes c'est la même que je vois, que je touche, que j'imagine, et la même que je connaissais dès le commencement. Mais ce qui est à remarquer, sa perception, ou bien l'action par laquelle on l'aperçoit, n'est point une vision, ni un attouchement, ni une imagination, et ne l'a jamais été, quoiqu'il le semblât ainsi auparavant, mais seulement une inspection de l'esprit[2], laquelle peut être imparfaite et confuse, comme elle était auparavant, ou bien claire et distincte, comme elle est à présent, selon que mon attention se porte plus ou moins aux choses qui sont en elle, et dont elle est composée.

1. Ce n'est pas non plus par l'imagination car je conçois que le morceau de cire peut adopter une infinité de figures et l'imagination ne peut embrasser cette infinité.
2. Là réside la principale leçon de cette analyse : à supposer que nous connaissions quelque chose de ce morceau de cire, ce ne serait pas par les sens, ni par l'imagination, mais par une « inspection de l'esprit ». C'est une opération de l'entendement qui permet, par-delà les changements de ses qualités sensibles, d'identifier la même cire.

Cependant je ne me saurais trop étonner quand je considère combien mon esprit a de faiblesse, et de pente qui le porte insensiblement dans l'erreur. Car encore que sans parler je considère tout cela en moi-même, les paroles toutefois m'arrêtent, et je suis presque trompé par les termes du langage ordinaire ; car nous disons que nous voyons la même cire, si on nous la présente, et non pas que nous jugeons que c'est la même, de ce qu'elle a même couleur et même figure[1] : d'où je voudrais presque conclure, que l'on connaît la cire par la vision des yeux, et non par la seule inspection de l'esprit, si par hasard je ne regardais d'une fenêtre des hommes qui passent dans la rue, à la vue desquels je ne manque pas de dire que je vois des hommes, tout de même que je dis que je vois de la cire ; et cependant que vois-je de cette fenêtre, sinon des chapeaux et des manteaux, qui peuvent couvrir des spectres ou des hommes feints qui ne se remuent que par ressorts ? Mais je juge que ce sont de vrais hommes, et ainsi je comprends, par la seule puissance de juger qui réside en mon esprit, ce que je croyais voir de mes yeux.

Un homme qui tâche d'élever sa connaissance au-delà du commun, doit avoir honte de tirer des occasions de douter des formes et des termes de parler du vulgaire ; j'aime mieux passer outre, et considérer, si je concevais avec plus d'évidence et de perfection ce qu'était la cire, lorsque je l'ai d'abord aperçue, et que j'ai cru la connaître par le moyen des sens extérieurs, ou à tout le moins du sens commun, ainsi qu'ils appellent, c'est-à-dire de la puissance imaginative, que je ne la conçois à présent, après avoir plus exactement examiné ce qu'elle est, et de quelle façon elle peut être connue. Certes il serait ridicule de mettre cela en doute. Car, qu'y avait-il dans cette première perception qui fût distinct et évident, et qui

1. À l'intérieur d'une perception, il y a donc un jugement qui tend à se dissimuler, comme l'illustre l'exemple suivant.

ne pourrait pas tomber en même sorte dans le sens du moindre des animaux ? Mais quand je distingue la cire d'avec ses formes extérieures, et que, tout de même que si je lui avais ôté ses vêtements, je la considère toute nue, certes, quoiqu'il se puisse encore rencontrer quelque erreur dans mon jugement, je ne la puis concevoir de cette sorte sans un esprit humain[1].

Mais enfin que dirai-je de cet esprit, c'est-à-dire de moi-même ? Car jusques ici je n'admets en moi autre chose qu'un esprit. Que prononcerai-je, dis-je, de moi qui semble concevoir avec tant de netteté et de distinction ce morceau de cire ? Ne me connais-je pas moi-même, non seulement avec bien plus de vérité et de certitude, mais encore avec beaucoup plus de distinction et de netteté ? Car si je juge que la cire est, ou existe, de ce que je la vois, certes il suit bien plus évidemment que je suis, ou que j'existe moi-même, de ce que je la vois. Car il se peut faire que ce que je vois ne soit pas en effet de la cire ; il peut aussi arriver que je n'aie pas même des yeux pour voir aucune chose ; mais il ne se peut pas faire que lorsque je vois, ou (ce que je ne distingue plus) lorsque je pense voir, que moi qui pense ne soit quelque chose[2]. De même, si je juge que la cire existe, de ce que je la touche, il s'ensuivra encore la même chose, à savoir que je suis ; et si je le juge de ce que mon imagination me le persuade, ou de quelque autre cause que ce soit, je conclurai toujours la même chose. Et ce que j'ai remarqué ici de la cire, se peut appliquer à toutes les autres choses qui me sont extérieures, et qui se rencontrent hors de moi.

1. L'essence du morceau de cire, au-delà des qualités sensibles apparentes, si elle est connaissable, l'est donc bien par l'esprit, non par le corps. La science des corps (physique) relève d'un travail de l'esprit, non de la sensibilité. \ **2.** À partir de l'analyse du morceau du cire se trouve confirmée l'expérience fondamentale du *cogito* : à supposer que la vision de la cire soit une illusion, reste que cette vision est une modalité de ma pensée et que j'y suis au moins certain de mon existence en tant qu'être pensant.

Or si la notion ou la connaissance de la cire semble être plus nette et plus distincte, après qu'elle a été découverte non seulement par la vue ou par l'attouchement, mais encore par beaucoup d'autres causes, avec combien plus d'évidence, de distinction et de netteté, me dois-je connaître moi-même, puisque toutes les raisons qui servent à connaître et concevoir la nature de la cire, ou de quelque autre corps, prouvent beaucoup plus facilement et plus évidemment la nature de mon esprit ? Et il se rencontre encore tant d'autres choses en l'esprit même, qui peuvent contribuer à l'éclaircissement de sa nature, que celles qui dépendent du corps, comme celles-ci, ne méritent quasi pas d'être nombrées.

Mais enfin me voici insensiblement revenu où je voulais ; car, puisque c'est une chose qui m'est à présent connue, qu'à proprement parler nous ne concevons les corps que par la faculté d'entendre[1] qui est en nous et non point par l'imagination ni par les sens, et que nous ne les connaissons pas de ce que nous les voyons, ou que nous les touchons, mais seulement de ce que nous les concevons par la pensée, je connais évidemment qu'il n'y a rien qui me soit plus facile à connaître que mon esprit. Mais, parce qu'il est presque impossible de se défaire si promptement d'une ancienne opinion, il sera bon que je m'arrête un peu en cet endroit, afin que, par la longueur de ma méditation, j'imprime plus profondément en ma mémoire cette nouvelle connaissance.

1. C'est-à-dire de comprendre par la faculté de juger (« l'entendement »).

MÉDITATION TROISIÈME

De Dieu ; qu'il existe

Je fermerai maintenant les yeux, je boucherai mes oreilles, je détournerai[1] tous mes sens, j'effacerai même de ma pensée toutes les images des choses corporelles, ou du moins, parce qu'à peine cela se peut-il faire, je les réputerai comme vaines et comme fausses ; et ainsi m'entretenant seulement moi-même, et considérant mon intérieur[2], je tâcherai de me rendre peu à peu plus connu et plus familier à moi-même. Je suis une chose qui pense, c'est-à-dire qui doute, qui affirme, qui nie, qui connaît peu de choses, qui en ignore beaucoup, qui aime, qui hait, qui veut, qui ne veut pas, qui imagine aussi, et qui sent. Car, ainsi que j'ai remarqué ci-devant, quoique les choses que je sens et que j'imagine ne soient peut-être rien du tout hors de moi et en elles-mêmes, je suis néanmoins assuré que ces façons de penser, que j'appelle sentiments et imaginations, en tant seulement qu'elles sont des façons de penser, résident et se rencontrent certainement en moi[3]. Et dans ce peu que je viens de dire, je crois avoir rapporté tout ce que je sais véritablement, ou du moins tout ce que jusques ici j'ai remarqué que je savais.

Maintenant je considérerai plus exactement si peut-être il ne se retrouve point en moi d'autres connaissances que je n'aie pas encore aperçues. Je suis certain que je suis une chose qui pense ; mais ne sais-je donc pas aussi ce qui est requis pour me rendre certain de quelque chose[4] ? Dans cette première

---

1. j'écarterai. \ **2.** mes pensées. \ **3.** Même si aucune réalité extérieure ne lui correspond, ce qui se présente comme effet de l'imagination ou des sens existe incontestablement dans l'esprit. \ **4.** Le *cogito* est une expérience mentale (la première) de ce qu'est une connaissance certaine. Descartes considère ici les critères de cette certitude : la clarté et la distinction de ce qui est connu. La clarté est due au fait que ce qui est connu produit dans l'esprit le sentiment d'indubitabilité ; la distinction vient de sa simplicité, qui empêche de le confondre avec autre chose.

connaissance, il ne se rencontre rien qu'une claire et distincte perception de ce que je connais ; laquelle de vrai ne serait pas suffisante pour m'assurer qu'elle est vraie, s'il pouvait jamais arriver qu'une chose que je concevrais ainsi clairement et distinctement se trouvât fausse. Et partant[1] il me semble que déjà je puis établir pour règle générale, que toutes les choses que nous concevons fort clairement et fort distinctement, sont toutes vraies.

Toutefois j'ai reçu et admis ci-devant plusieurs choses comme très certaines et très manifestes, lesquelles néanmoins j'ai reconnu par après être douteuses et incertaines. Quelles étaient donc ces choses-là ? C'était la terre, le ciel, les astres, et toutes les autres choses que j'apercevais par l'entremise de mes sens. Or qu'est-ce que je concevais clairement et distinctement en elles ? Certes rien autre chose sinon que les idées ou les pensées de ces choses se présentaient à mon esprit. Et encore à présent je ne nie pas que ces idées ne se rencontrent en moi. Mais il y avait encore une autre chose que j'assurais, et qu'à cause de l'habitude que j'avais à la croire, je pensais apercevoir très clairement, quoique véritablement je ne l'aperçusse point, à savoir qu'il y avait des choses hors de moi, d'où procédaient ces idées, et auxquelles elles étaient tout à fait semblables. Et c'était en cela que je me trompais ; ou, si peut-être je jugeais selon la vérité, ce n'était aucune connaissance que j'eusse, qui fût cause de la vérité de mon jugement[2].

Mais lorsque je considérais quelque chose de fort simple et de fort facile touchant l'arithmétique et la géométrie, par exemple que deux et trois joints ensemble produisent le nombre de cinq, et autres choses semblables, ne les concevais-je pas au moins assez clairement pour assurer qu'elles

1. Par suite. \ **2.** L'erreur n'était donc pas de croire que j'ai des idées sensibles, mais de poser qu'il existe hors de moi des choses qui leur sont conformes. Et même lorsque c'était le cas, je n'étais pas en état de le savoir, faute de critères de vérité.

étaient vraies ? Certes si j'ai jugé depuis qu'on pouvait douter de ces choses, ce n'a point été pour autre raison, que parce qu'il me venait en l'esprit, que peut-être quelque Dieu avait pu me donner une telle nature, que je me trompasse même touchant les choses qui me semblent les plus manifestes[1]. Mais toutes les fois que cette opinion ci-devant conçue de la souveraine puissance d'un Dieu se présente à ma pensée je suis contraint d'avouer qu'il lui est facile, s'il le veut, de faire en sorte que je m'abuse[2], même dans les choses que je crois connaître avec une évidence très grande. Et au contraire toutes les fois que je me tourne vers les choses que je pense concevoir fort clairement, je suis tellement persuadé par elles, que de moi-même je me laisse emporter à ces paroles : Me trompe qui pourra, si est-ce qu'il ne saurait jamais faire[3] que je ne sois rien tandis que je penserai être quelque chose ; ou que quelque jour il soit vrai que je n'aie jamais été, étant vrai maintenant que je suis, ou bien que deux et trois joints ensemble fassent plus ni moins que cinq, ou choses semblables, que je vois clairement ne pouvoir être d'autre façon que je les conçois[4].

Et certes, puisque je n'ai aucune raison de croire qu'il y ait quelque Dieu qui soit trompeur, et même que je n'aie pas encore considéré celles qui prouvent qu'il y a un Dieu, la raison de douter qui dépend seulement de cette opinion, est bien légère, et pour ainsi dire métaphysique[5]. Mais afin de la pouvoir

1. *Cf.* la fin de la *Première Méditation.* \ **2.** que je me trompe. \ **3.** Que celui qui le peut me trompe, cependant il ne pourra faire que je ne sois rien… \ **4.** La Méditation oscille ici entre deux positions qui coexistent : — l'hypothèse du Dieu trompeur, pour « métaphysique » qu'elle ait été, n'a pas été levée et continue d'hypothéquer la vérité même de ce qui, clair et distinct, s'impose à moi comme indubitable ; — mais en même temps, il m'est effectivement impossible de douter de ce que je considère aussi clairement et distinctement. La démonstration de l'existence de Dieu résoudra ce dilemme. \ **5.** *Légère* parce qu'elle repose sur l'hypothèse artificielle d'un Dieu trompeur ; *métaphysique* en un sens, parce que subordonnée au projet de fonder une certitude absolue en commençant par la méthode, elle-même artificielle, du doute.

tout à fait ôter, je dois examiner s'il y a un Dieu, sitôt que l'occasion s'en présentera; et si je trouve qu'il y en ait un, je dois aussi examiner s'il peut être trompeur: car sans la connaissance de ces deux vérités, je ne vois pas que je puisse jamais être certain d'aucune chose[1]. Et afin que je puisse avoir occasion d'examiner cela sans interrompre l'ordre de méditer que je me suis proposé, qui est de passer par degrés des notions que je trouverai les premières en mon esprit à celles que j'y pourrai trouver après, il faut ici que je divise toutes mes pensées en certains genres, et que je considère dans lesquels de ces genres il y a proprement de la vérité ou de l'erreur.

Entre mes pensées, quelques-unes sont comme les images des choses[2] et c'est à celles-là seules que convient proprement le nom d'idée: comme lorsque je me représente un homme, ou une chimère[3], ou le ciel, ou un ange, ou Dieu même. D'autres, outre cela, ont quelques autres formes: comme, lorsque je veux, que je crains, que j'affirme ou que je nie, je conçois bien alors quelque chose comme le sujet de l'action de mon esprit, mais j'ajoute aussi quelque autre chose par cette action à l'idée que j'ai de cette chose-là; et de ce genre de pensées, les unes sont appelées volontés ou affections, et les autres jugements[4].

Maintenant, pour ce qui concerne les idées, si on les considère seulement en elles-mêmes, et qu'on ne les rapporte point

1. Autrement dit, la certitude qui demeure subjective (c'est-à-dire interne au sujet pensant), même aussi forte que ce dont le *cogito* offre le modèle, ne sera garantie absolue de vérité que lorsque l'existence de Dieu et son caractère non trompeur auront été démontrés. \ **2.** Première catégorie de pensées : les représentations, qu'on peut nommer idées (corporelles, imaginatives, conceptuelles). \ **3.** Monstre fabuleux de la mythologie grecque, à tête de lion et à corps de chèvre. Le mot est devenu synonyme d'idée imaginaire. \ **4.** Second type de pensées : celles qui contiennent une action de la volonté (volontés proprement dites, affections, jugements). Vouloir ou refuser, affirmer ou nier, craindre, aimer ou haïr, sont des effets des représentations sur la volonté ; et dans le jugement, la volonté adhère à une idée conçue par l'entendement ou la refuse (ou en doute).

à quelque autre chose, elles ne peuvent, à proprement parler, être fausses ; car soit que j'imagine une chèvre ou une chimère, il n'est pas moins vrai que j'imagine l'une que l'autre.

Il ne faut pas craindre aussi qu'il se puisse rencontrer de la fausseté dans les affections ou volontés ; car encore que je puisse désirer des choses mauvaises, ou même qui ne furent jamais, toutefois il n'est pas pour cela moins vrai que je les désire[1].

Ainsi il ne reste plus que les seuls jugements, dans lesquels je dois prendre garde soigneusement de ne me point tromper. Or la principale erreur et la plus ordinaire qui s'y puisse rencontrer, consiste en ce que je juge que les idées qui sont en moi sont semblables, ou conformes à des choses qui sont hors de moi ; car certainement, si je considérais seulement les idées comme de certains modes ou façons de ma pensée, sans les vouloir rapporter à quelque autre chose d'extérieur, à peine me pourraient-elles donner occasion de faillir.

Or de ces idées les unes me semblent être nées avec moi, les autres être étrangères et venir de dehors, et les autres être faites et inventées par moi-même[2]. Car, que j'aie la faculté de concevoir ce que c'est qu'on nomme en général une chose, ou une vérité, ou une pensée, il me semble que je ne tiens point cela d'ailleurs que de ma nature propre ; mais si j'ouïs maintenant quelque bruit, si je vois le soleil, si je sens de la chaleur, jusqu'à cette heure j'ai jugé que ces sentiments procédaient de quelques choses qui existent hors de moi ; et enfin il me semble que les sirènes, les hippogriffes[3] et toutes les autres semblables chimères sont des fictions et inventions de

1. Comme le disait déjà l'épicurisme, le désir n'est ni vrai ni faux. Ce qui peut devenir une erreur, c'est la décision qu'on prend de lui donner libre cours ou de le réprimer. \ **2.** Les premières se présentent comme « innées », les secondes comme « adventices » (les idées sensibles, qui jusqu'ici *paraissent comme* venues de l'extérieur), les troisièmes comme « factices » (les idées imaginaires). \ **3.** Animal fabuleux, moitié cheval, moitié griffon.

mon esprit. Mais aussi peut-être me puis-je persuader que toutes ces idées sont du genre de celles que j'appelle étrangères, et qui viennent de dehors, ou bien qu'elles sont toutes nées avec moi, ou bien qu'elles ont toutes été faites par moi ; car je n'ai point encore clairement découvert leur véritable origine. Et ce que j'ai principalement à faire en cet endroit, est de considérer, touchant celles qui me semblent venir de quelques objets qui sont hors de moi, quelles sont les raisons qui m'obligent à les croire semblables à ces objets.

La première de ces raisons est qu'il me semble que cela m'est enseigné par la nature ; et la seconde, que j'expérimente en moi-même que ces idées ne dépendent point de ma volonté ; car souvent elles se présentent à moi malgré moi, comme maintenant, soit que je le veuille, soit que je ne le veuille pas, je sens de la chaleur, et pour cette cause je me persuade que ce sentiment ou bien cette idée de la chaleur est produite en moi par une chose différente de moi, à savoir par la chaleur du feu auprès duquel je me rencontre. Et je ne vois rien qui me semble plus raisonnable, que de juger que cette chose étrangère envoie et imprime en moi sa ressemblance plutôt qu'aucune autre chose.

Maintenant il faut que je voie si ces raisons sont assez fortes et convaincantes. Quand je dis qu'il me semble que cela m'est enseigné par la nature, j'entends seulement par ce mot de nature une certaine inclination[1] qui me porte à croire cette chose, et non pas une lumière naturelle qui me fasse connaître qu'elle est vraie. Or ces deux choses diffèrent beaucoup entre elles ; car je ne saurais rien révoquer en doute de ce que la

1. C'est donc « quelque impulsion spontanée » *(spontaneo quodam impetu)* qui agit sur le jugement, non les qualités objectives de ce qui est appréhendé par l'esprit. C'est cette inclination, cette tendance, que Descartes appelle ici « nature » (au sens où nous disons « c'est dans ma nature »), ce n'est pas du tout la « lumière naturelle », ou faculté naturelle de distinguer le vrai du faux et plus spécialement, de reconnaître les véritables évidences.

lumière naturelle me fait voir être vrai, ainsi qu'elle m'a tantôt fait voir que, de ce que je doutais, je pouvais conclure que j'étais. Et je n'ai en moi aucune autre faculté, ou puissance, pour distinguer le vrai du faux, qui me puisse enseigner que ce que cette lumière me montre comme vrai ne l'est pas, et à qui je me puisse tant fier qu'à elle. Mais, pour ce qui est des inclinations qui me semblent aussi m'être naturelles, j'ai souvent remarqué, lorsqu'il a été question de faire choix entre les vertus et les vices, qu'elles ne m'ont pas moins porté au mal qu'au bien ; c'est pourquoi je n'ai pas sujet de les suivre non plus en ce qui regarde le vrai et le faux.

Et pour l'autre raison, qui est que ces idées doivent venir d'ailleurs, puisqu'elles ne dépendent pas de ma volonté, je ne la trouve non plus convaincante. Car tout de même que ces inclinations, dont je parlais tout maintenant, se trouvent en moi, nonobstant[1] qu'elles ne s'accordent pas toujours avec ma volonté[2], ainsi peut-être qu'il y a en moi quelque faculté ou puissance propre à produire ces idées sans l'aide d'aucunes choses extérieures, bien qu'elle ne me soit pas encore connue ; comme en effet il m'a toujours semblé jusques ici que, lorsque je dors, elles se forment ainsi en moi sans l'aide des objets qu'elles représentent. Et enfin, encore que je demeurasse d'accord qu'elles sont causées par ces objets, ce n'est pas une conséquence nécessaire qu'elles doivent leur être semblables. Au contraire, j'ai souvent remarqué, en beaucoup d'exemples, qu'il y avait une grande différence entre l'objet et son idée. Comme, par exemple, je trouve dans mon esprit deux idées du soleil toutes diverses : l'une tire son origine des sens, et doit être placée dans le genre de celles que j'ai dit ci-dessus

1. en dépit du fait. \ **2.** Cette distinction entre inclination et volonté au sens strict est importante. En particulier : l'inclination vers le mal n'est pas conforme à ce qui mérite le nom de volonté. Par analogie, on peut se demander si nous ne pourrions pas découvrir, cachée dans notre nature, une faculté de produire les idées de choses qui semblent venues de l'extérieur, comme nous en faisons l'expérience dans le rêve.

venir de dehors, par laquelle il me paraît extrêmement petit ; l'autre est prise des raisons de l'astronomie, c'est-à-dire de certaines notions nées avec moi, ou enfin est formée par moi-même de quelque sorte que ce puisse être par laquelle il me paraît plusieurs fois plus grand que toute la terre. Certes, ces deux idées que je conçois du soleil, ne peuvent pas être toutes deux semblables au même soleil ; et la raison me fait croire que celle qui vient immédiatement de son apparence, est celle qui lui est le plus dissemblable.

Tout cela me fait assez connaître que jusques à cette heure ce n'a point été par un jugement certain et prémédité[1], mais seulement par une aveugle et téméraire impulsion, que j'ai cru qu'il y avait des choses hors de moi, et différentes de mon être, qui, par les organes de mes sens, ou par quelque autre moyen que ce puisse être, envoyaient en moi leurs idées ou images, et y imprimaient leurs ressemblances.

Mais il se présente encore une autre voie pour rechercher si, entre les choses dont j'ai en moi les idées, il y en a quelques-unes qui existent hors de moi. À savoir, si ces idées sont prises en tant seulement que ce sont de certaines façons de penser[2], je ne reconnais entre elles aucune différence ou inégalité, et toutes semblent procéder de moi d'une même sorte ; mais, les considérant comme des images, dont les unes représentent une chose et les autres une autre, il est évident qu'elles sont fort différentes les unes des autres. Car, en effet celles qui me représentent des substances, sont sans doute quelque chose de plus, et contiennent en soi (pour ainsi parler) plus de réalité objective[3], c'est-à-dire participent par représenta-

1. *Prémédité*, qui ordinairement signifie « décidé d'avance », prend plus spécialement ici le sens de « réfléchi », « décidé après un véritable examen ». \ **2.** C'est-à-dire, comme de simples contenus de la pensée (*cf.* p. 43). \ **3.** La *réalité objective*, c'est le pouvoir qu'a une idée de représenter l'être. La « substance » est la chose même, capable de subsister malgré la variation des accidents. Descartes affirme ici que l'idée de la substance représente plus d'être que celle d'un de ses accidents. La substance la plus haute étant Dieu, c'est l'idée de Dieu qui contient le plus de réalité objective.

tion à plus de degrés d'être ou de perfection, que celles qui me représentent seulement des modes ou accidents. De plus, celle par laquelle je conçois un Dieu souverain, éternel, infini, immuable, tout connaissant, tout-puissant, et Créateur universel de toutes les choses qui sont hors de lui ; celle-là, dis-je, a certainement en soi plus de réalité objective, que celles par qui les substances finies me sont représentées.

Maintenant, c'est une chose manifeste par la lumière naturelle, qu'il doit y avoir pour le moins autant de réalité dans la cause efficiente et totale que dans son effet[1] : car d'où est-ce que l'effet peut tirer sa réalité sinon de sa cause ? et comment cette cause la lui pourrait-elle communiquer, si elle ne l'avait en elle-même ?

Et de là il suit, non seulement que le néant ne saurait produire aucune chose, mais aussi que ce qui est plus parfait, c'est-à-dire qui contient en soi plus de réalité, ne peut être une suite et une dépendance du moins parfait[2]. Et cette vérité n'est pas seulement claire et évidente dans les effets qui ont cette réalité que les philosophes appellent actuelle ou formelle, mais aussi dans les idées où l'on considère seulement la réalité qu'ils nomment objective[3] : par exemple, la pierre qui n'a point encore été, non seulement ne peut pas maintenant commencer d'être, si elle n'est produite par une chose qui possède en soi formellement, ou éminemment[4], tout ce qui entre en la composition de la pierre, c'est-à-dire qui contienne

1. Ce qui est manifeste par la « lumière naturelle » est ce qui est évident, comme le *cogito*. Par exemple il est impossible de douter qu'il ne peut y avoir plus de réalité dans un effet que dans sa cause. Une cause « efficiente » est une réalité qui produit l'existence d'autre chose (elle se distingue par exemple de la cause « finale » : le but d'une chose). \ **2.** Le mot *parfait* hérite ici de son sens latin : ce qui est achevé. Plus une chose est achevée, plus elle a de « perfection » et plus elle a de réalité. \ **3.** Sur les notions de réalité formelle et de réalité objective, et sur le sens de ce passage en général, *cf.* Glossaire : Réalité, p. 213, Dieu, p. 201 ainsi que Thèmes et problématiques, p. 169. \ **4.** *Éminemment*, comme le dit la suite, renvoie à l'idée selon laquelle ce qui possède une nature supérieure (ce qui est éminent) peut produire hors de lui-même quelque chose qui lui est inférieur.

en soi les mêmes choses ou d'autres plus excellentes que celles qui sont dans la pierre ; et la chaleur ne peut être produite dans un sujet qui en était auparavant privé, si ce n'est par une chose qui soit d'un ordre, d'un degré ou d'un genre au moins aussi parfait que la chaleur, et ainsi des autres. Mais encore, outre cela, l'idée de la chaleur, ou de la pierre, ne peut pas être en moi, si elle n'y a été mise par quelque cause, qui contienne en soi pour le moins autant de réalité, que j'en conçois dans la chaleur ou dans la pierre. Car encore que cette cause-là ne transmette en mon idée aucune chose de sa réalité actuelle ou formelle, on ne doit pas pour cela s'imaginer que cette cause doive être moins réelle ; mais on doit savoir que toute idée étant un ouvrage de l'esprit, sa nature est telle qu'elle ne demande de soi aucune autre réalité formelle, que celle qu'elle reçoit et emprunte de la pensée ou de l'esprit, dont elle est seulement un mode, c'est-à-dire une manière ou façon de penser. Or, afin qu'une idée contienne une telle réalité objective plutôt qu'une autre, elle doit sans doute avoir cela de quelque cause, dans laquelle il se rencontre pour le moins autant de réalité formelle que cette idée contient de réalité objective[1]. Car si nous supposons qu'il se trouve quelque chose dans l'idée, qui ne se rencontre pas dans sa cause, il faut donc qu'elle tienne cela du néant ; mais, pour imparfaite que soit cette façon d'être, par laquelle une chose est objectivement ou par représentation dans l'entendement par son idée, certes on ne peut pas néanmoins dire que cette façon et manière-là ne soit rien, ni par conséquent que cette idée tire son origine du néant. Je ne dois pas aussi douter qu'il ne soit

1. Les idées ont toutes la même réalité formelle (*cf.* Glossaire, p. 213) : elles sont de la pensée. Elles ne se distinguent que par la réalité objective issue de la réalité formelle (effective) de ce qu'elles représentent. Les causes formelles ont des effets prenant la forme d'idées, auxquelles elles ne confèrent que de la réalité objective : un simple pouvoir de les représenter. Si l'origine de la réalité objective des idées n'était pas une cause formelle, elle viendrait du néant, ce qui est inconcevable.

nécessaire que la réalité soit formellement dans les causes de mes idées, quoique la réalité que je considère dans ces idées soit seulement objective, ni penser qu'il suffit que cette réalité se rencontre objectivement dans leurs causes ; car, tout ainsi que cette manière d'être objectivement appartient aux idées, de leur propre nature[1], de même aussi la manière ou la façon d'être formellement appartient aux causes de ces idées (à tout le moins aux premières et principales) de leur propre nature. Et encore qu'il puisse arriver qu'une idée donne la naissance à une autre idée, cela ne peut pas toutefois être à l'infini, mais il faut à la fin parvenir à une première idée, dont la cause soit comme un patron ou un original, dans lequel toute la réalité ou perfection soit contenue formellement et en effet[2], qui se rencontre seulement objectivement ou par représentation dans ces idées. En sorte que la lumière naturelle me fait connaître évidemment, que les idées sont en moi comme des tableaux, ou des images, qui peuvent à la vérité facilement déchoir de la perfection des choses dont elles ont été tirées, mais qui ne peuvent jamais rien contenir de plus grand ou de plus parfait.

Et d'autant plus longuement et soigneusement j'examine toutes ces choses, d'autant plus clairement et distinctement je connais qu'elles sont vraies. Mais enfin que conclurai-je de tout cela ? C'est à savoir que, si la réalité objective de quelqu'une de mes idées est telle, que je connaisse clairement

1. Par nature les idées ont (plus ou moins) de la réalité objective ; les causes de ces idées ont de la réalité formelle (ou « actuelle »). On ne doit pas douter que la réalité objective de telle idée soit l'effet d'une réalité *formelle* : si une idée peut produire une autre idée, pour qu'il y ait pouvoir de représenter du réel, il doit y avoir, en début de chaîne, une cause qui n'est pas une idée et dont la réalité ne peut être que formelle.
2. C'est-à-dire, effectivement. Puisqu'il ne peut y avoir plus de réalité dans une idée que dans sa cause, même s'il peut y en avoir moins, et puisque cette cause est nécessairement, en bout de chaîne, une cause formelle, on ne doit plus douter du fait que toute réalité *objective* suppose qu'on remonte jusqu'à une cause *formelle* à laquelle elle doit son objectivité.

qu'elle n'est point en moi, ni formellement, ni éminemment, et que par conséquent je ne puis pas moi-même en être la cause, il suit de là nécessairement que je ne suis pas seul dans le monde, mais qu'il y a encore quelque autre chose qui existe, et qui est la cause de cette idée ; au lieu que, s'il ne se rencontre point en moi de telle idée, je n'aurai aucun argument qui me puisse convaincre et rendre certain de l'existence d'aucune autre chose que de moi-même[1] ; car je les ai tous soigneusement recherchés, et je n'en ai pu trouver aucun autre jusqu'à présent.

Or entre ces idées, outre celle qui me représente à moi-même, de laquelle il ne peut y avoir ici aucune difficulté, il y en a une autre qui me représente un Dieu, d'autres des choses corporelles et inanimées, d'autres des anges, d'autres des animaux, et d'autres enfin qui me représentent des hommes semblables à moi. Mais pour ce qui regarde les idées qui me représentent d'autres hommes, ou des animaux, ou des anges, je conçois facilement qu'elles peuvent être formées par le mélange et la composition des autres idées que j'ai des choses corporelles et de Dieu, encore que hors de moi il n'y eût point d'autres hommes dans le monde, ni aucuns animaux, ni aucuns anges. Et pour ce qui regarde les idées des choses corporelles, je n'y reconnais rien de si grand ni de si excellent, qui ne me semble pouvoir venir de moi-même ; car, si je les considère de plus près, et si je les examine de la même façon que j'examinais hier l'idée de la cire, je trouve qu'il ne s'y rencontre que fort peu de chose que je conçoive clairement et distinctement : à savoir, la grandeur ou bien l'extension en longueur, largeur et profondeur ; la figure qui est formée par les termes

1. Jusqu'ici la certitude du *cogito* demeurait donc une certitude interne et solitaire du sujet pensant. C'est ce qu'on a parfois appelé « le solipsisme ». Mais la méditation cartésienne échappe au solipsisme, à partir du moment où elle découvre, par la voie de la démonstration de l'existence de Dieu, dont c'est ici clairement un nouvel enjeu, qu'il existe au moins un être extérieur au sujet pensant.

et les bornes de cette extension ; la situation que les corps diversement figurés gardent entre eux ; et le mouvement ou le changement de cette situation ; auxquelles on peut ajouter la substance, la durée, et le nombre[1]. Quant aux autres choses, comme la lumière, les couleurs, les sons, les odeurs, les saveurs, la chaleur, le froid, et les autres qualités qui tombent sous l'attouchement, elles se rencontrent dans ma pensée avec tant d'obscurité et de confusion, que j'ignore même si elles sont véritables, ou fausses et seulement apparentes, c'est-à-dire si les idées que je conçois de ces qualités, sont en effet les idées de quelques choses réelles, ou bien si elles ne me représentent que des êtres chimériques, qui ne peuvent exister. Car, encore que j'aie remarqué ci-devant, qu'il n'y a que dans les jugements que se puisse rencontrer la vraie et formelle fausseté, il se peut néanmoins trouver dans les idées une certaine fausseté matérielle, à savoir, lorsqu'elles représentent ce qui n'est rien comme si c'était quelque chose[2]. Par exemple, les idées que j'ai du froid et de la chaleur sont si peu claires et si peu distinctes, que par leur moyen je ne puis pas discerner si le froid est seulement une privation de la chaleur, ou la chaleur une privation du froid, ou bien si l'une et l'autre sont des qualités réelles, ou si elles ne le sont pas ; et d'autant que, les idées étant comme des images, il n'y en peut avoir aucune qui ne nous semble représenter quelque chose, s'il est vrai de dire que le froid ne soit autre chose qu'une privation de la chaleur, l'idée qui me le représente comme quelque chose de réel et de positif, ne sera pas mal à propos appelée fausse, et

1. Toutes les qualités claires et distinctes des corps qui viennent d'être énumérées présentent l'intérêt d'être mathématisables. On les retrouvera dans la physique cartésienne, c'est-à-dire dans la science certaine des corps, à l'exclusion de ce qui en eux est confus. \ **2.** Dans le jugement faux, on croit que l'idée renvoie à quelque chose d'extérieur. Ce n'est donc pas en l'idée que se trouve la fausseté, même s'il y a des idées qui, par leur nature, invitent au jugement faux ; par exemple : celles qui ont l'air de renvoyer à un objet extérieur. À ce stade de la méditation, c'est peut-être le cas de ces qualités obscures que sont odeur, saveur, couleur, chaleur et froideur, etc.

ainsi des autres semblables idées ; auxquelles certes il n'est pas nécessaire que j'attribue d'autre auteur que moi-même. Car, si elles sont fausses, c'est-à-dire si elles représentent des choses qui ne sont point, la lumière naturelle me fait connaître qu'elles procèdent du néant, c'est-à-dire qu'elles ne sont en moi, que parce qu'il manque quelque chose à ma nature, et qu'elle n'est pas toute parfaite. Et si ces idées sont vraies, néanmoins, parce qu'elles me font paraître si peu de réalité, que même je ne puis pas nettement discerner la chose représentée d'avec le non-être, je ne vois point de raison pourquoi elles ne puissent être produites par moi-même, et que je n'en puisse être l'auteur[1].

Quant aux idées claires et distinctes que j'ai des choses corporelles, il y en a quelques-unes qu'il semble que j'ai pu tirer de l'idée que j'ai de moi-même, comme celle que j'ai de la substance, de la durée, du nombre, et d'autres choses semblables. Car, lorsque je pense que la pierre est une substance, ou bien une chose qui de soi est capable d'exister, puis que je suis une substance, quoique je conçoive bien que je suis une chose qui pense et non étendue, et que la pierre au contraire est une chose étendue et qui ne pense point, et qu'ainsi entre ces deux conceptions il se rencontre une notable différence, toutefois elles semblent convenir en ce qu'elles représentent des substances[2]. De même, quand je pense que je suis maintenant, et que je me ressouviens outre cela d'avoir

1. Le froid est peut-être simplement privation de chaleur, auquel cas, *privation*, il ne peut être *quelque chose*. Le jugement me le représentant comme une chose est alors faux. Et s'il est quelque chose, il est *peu* de chose. Dans le premier cas, l'idée fausse vient d'une imperfection (un manque, un néant) de ma nature, qui ne comprend pas ce qu'elle appréhende. Dans le second, je peux être la cause de ce si peu de réalité représentée par l'idée. \ **2.** Donc, selon ce passage et ce qui suit, l'expérience que je fais de moi-même, comme substance pensante, suffirait à me rendre « éminemment » capable de produire moi-même toutes les qualités ici énumérées (étendue, figure, mouvement, position, durée...) qui me permettent de penser clairement et distinctement une substance corporelle.

été autrefois, et que je conçois plusieurs diverses pensées dont je connais le nombre, alors j'acquiers en moi les idées de la durée et du nombre, lesquelles, par après, je puis transférer à toutes les autres choses que je voudrai.

Pour ce qui est des autres qualités dont les idées des choses corporelles sont composées, à savoir, l'étendue, la figure, la situation, et le mouvement de lieu, il est vrai qu'elles ne sont point formellement en moi, puisque je ne suis qu'une chose qui pense[1] ; mais parce que ce sont seulement de certains modes de la substance, et comme les vêtements sous lesquels la substance corporelle nous paraît, et que je suis aussi moi-même une substance, il semble qu'elles puissent être contenues en moi éminemment. Partant il ne reste que la seule idée de Dieu, dans laquelle il faut considérer s'il y a quelque chose qui n'ait pu venir de moi-même[2]. Par le nom de Dieu j'entends une substance infinie, éternelle, immuable, indépendante, toute connaissante, toute-puissante, et par laquelle moi-même, et toutes les autres choses qui sont (s'il est vrai qu'il y en ait qui existent), ont été créées et produites. Or ces avantages sont si grands et si éminents, que plus attentivement je les considère, et moins je me persuade que l'idée que j'en ai puisse tirer son origine de moi seul[3]. Et par conséquent il faut nécessairement conclure de tout ce que j'ai dit auparavant, que Dieu existe. Car, encore que l'idée de la substance soit en moi, de cela même que je suis une substance, je n'aurais pas néanmoins l'idée d'une substance infinie, moi qui suis un être fini, si elle n'avait été mise en moi par quelque substance qui fût véritablement infinie.

1. Là encore il faut comprendre : le sujet qui s'est révélé dans l'expérience du *cogito* et qui est la seule chose dont *jusqu'à présent* j'ai prouvé l'existence, n'est qu'une substance pensante. \ **2.** À partir d'ici commence plus précisément la première démonstration de l'existence de Dieu (par l'idée d'infini — ou de parfait). \ **3.** *Cf.* Glossaire : Dieu, p. 201.

Et je ne me dois pas imaginer que je ne conçois pas l'infini par une véritable idée, mais seulement par la négation de ce qui est fini, de même que je comprends le repos et les ténèbres par la négation du mouvement et de la lumière[1] : puisque au contraire je vois manifestement qu'il se rencontre plus de réalité dans la substance infinie que dans la substance finie, et partant que j'ai en quelque façon premièrement en moi la notion de l'infini, que du fini, c'est-à-dire de Dieu, que de moi-même. Car comment serait-il possible que je pusse connaître que je doute et que je désire, c'est-à-dire qu'il me manque quelque chose et que je ne suis pas tout parfait, si je n'avais en moi aucune idée d'un être plus parfait que le mien, par la comparaison duquel je connaîtrais les défauts de ma nature ?

Et l'on ne peut pas dire que peut-être cette idée de Dieu est matériellement fausse, et que par conséquent je la puis tenir du néant, c'est-à-dire qu'elle peut être en moi pour ce que j'ai du défaut, comme j'ai dit ci-devant des idées de la chaleur et du froid[2], et d'autres choses semblables : car, au contraire, cette idée étant fort claire et fort distincte, et contenant en soi plus de réalité objective qu'aucune autre, il n'y en a point qui soit de soi plus vraie, ni qui puisse être moins soupçonnée d'erreur et de fausseté.

L'idée, dis-je, de cet être souverainement parfait et infini est entièrement vraie ; car, encore que peut-être l'on puisse feindre qu'un tel être n'existe point, on ne peut pas feindre

1. L'infini au sens propre, contrairement à ce que son nom suggère, n'est pas selon Descartes une notion négative (conçue en niant l'expérience du fini). L'idée d'infini est positive, et c'est l'expérience (négative et logiquement seconde) de ma finitude qui me fait savoir que je ne suis pas sans limite, pas parfait, ce que montrent bien les situations de doute ou de désir. Comme cela apparaîtra discrètement à la fin de cette *Troisième Méditation*, Descartes distingue l'infini de l'indéfini, mot qu'il emploie lorsque l'esprit a affaire à une opération ou un progrès qu'il ne parvient pas à achever (exemple : énumérer la suite des nombres ; accroître sa connaissance). \ **2.** *Cf.* p. 65.

néanmoins que son idée ne me représente rien de réel, comme j'ai tantôt dit de l'idée du froid.

Cette même idée est aussi fort claire et fort distincte, puisque tout ce que mon esprit conçoit clairement et distinctement de réel et de vrai, et qui contient en soi quelque perfection, est contenu et renfermé tout entier dans cette idée.

Et ceci ne laisse pas[1] d'être vrai, encore que je ne comprenne pas l'infini, ou même qu'il se rencontre en Dieu une infinité de choses que je ne puis comprendre, ni peut-être aussi atteindre aucunement par la pensée : car il est de la nature de l'infini, que ma nature, qui est finie et bornée, ne le puisse comprendre[2] ; et il suffit que je conçoive bien cela, et que je juge que toutes les choses que je conçois clairement, et dans lesquelles je sais qu'il y a quelque perfection, et peut-être aussi une infinité d'autres que j'ignore, sont en Dieu formellement ou éminemment, afin que l'idée que j'en ai soit la plus vraie, la plus claire et la plus distincte de toutes celles qui sont en mon esprit.

Mais peut-être aussi que je suis quelque chose de plus que je ne m'imagine, et que toutes les perfections que j'attribue à la nature d'un Dieu, sont en quelque façon en moi en puissance, quoiqu'elles ne se produisent pas encore, et ne se fassent point paraître par leurs actions. En effet j'expérimente déjà que ma connaissance s'augmente et se perfectionne peu à peu, et je ne vois rien qui la puisse empêcher de s'augmenter de plus en plus jusques à l'infini ; puis, étant ainsi accrue et perfectionnée, je ne vois rien qui empêche que je ne puisse m'acquérir par son moyen toutes les autres perfections de la nature divine ; et enfin il semble que la puissance que j'ai

1. ne cesse pas. \ **2.** C'est donc l'idée d'infini et sa présence en moi qui sont claires et distinctes, mais cela ne veut pas dire que je connaisse tout le contenu de cette idée. Par suite, cela conduira à dire que je connais l'infinité et donc l'existence de Dieu, mais que mon esprit ne comprend pas (« n'embrasse pas ») sa nature infinie. Le fini ne peut pas comprendre l'infini, même s'il conçoit clairement la nécessité de son existence (*cf.* p. 174).

pour l'acquisition de ces perfections, si elle est en moi, peut être capable d'y imprimer et d'y introduire leurs idées. Toutefois, en y regardant un peu de près, je reconnais que cela ne peut être ; car, premièrement, encore qu'il fût vrai que ma connaissance acquît tous les jours de nouveaux degrés de perfection, et qu'il y eût en ma nature beaucoup de choses en puissance[1], qui n'y sont pas encore actuellement, toutefois tous ces avantages n'appartiennent et n'approchent en aucune sorte de l'idée que j'ai de la Divinité, dans laquelle rien ne se rencontre seulement en puissance, mais tout y est actuellement et en effet. Et même n'est-ce pas un argument infaillible et très certain d'imperfection en ma connaissance, de ce qu'elle s'accroît peu à peu, et qu'elle s'augmente par degrés[2] ? Davantage, encore que ma connaissance s'augmentât de plus en plus, néanmoins je ne laisse pas de concevoir qu'elle ne saurait être actuellement[3] infinie, puisqu'elle n'arrivera jamais à un si haut point de perfection, qu'elle ne soit encore capable d'acquérir quelque plus grand accroissement. Mais je conçois Dieu actuellement infini en un si haut degré, qu'il ne se peut rien ajouter à la souveraine perfection qu'il possède. Et enfin je comprends fort bien que l'être objectif d'une idée ne peut être produit par un être qui existe seulement en puissance, lequel à proprement parler n'est rien, mais seulement par un être formel ou actuel[4].

1. C'est-à-dire, potentielles, par opposition à celles qui existent déjà en acte. \ **2.** S'améliorer, c'est la preuve qu'on n'est pas parfait. Un être infini, auquel il ne manque rien, ne peut être qu'éternellement identique à lui-même. Spinoza en tirera argument pour soutenir que l'idée même de Création, qui suppose que Dieu ait quelque chose à ajouter à ce qu'il est déjà en lui-même, est contraire à celle d'un Dieu parfait. \ **3.** C'est-à-dire, en acte, réellement et totalement infinie. \ **4.** C'est le cœur de cette première démonstration cartésienne de l'existence de Dieu, premier être extérieur à ma pensée dans l'ordre de la méditation : parce qu'il s'agit d'un être parfait, la réalité objective de l'idée que j'en ai *en moi* exige la réalité formelle *(hors de moi)* de la cause qui a produit cette idée — puisque cette cause ne peut être moi, qui ne suis pas parfait. C'est également l'un des points sur lesquels le raisonnement cartésien sera contesté.

Et certes je ne vois rien en tout ce que je viens de dire, qui ne soit très aisé à connaître par la lumière naturelle à tous ceux qui voudront y penser soigneusement ; mais lorsque je relâche quelque chose de mon attention, mon esprit se trouvant obscurci et comme aveuglé par les images des choses sensibles, ne se ressouvient pas facilement de la raison pourquoi l'idée que j'ai d'un être plus parfait que le mien, doit nécessairement avoir été mise en moi par un être qui soit en effet plus parfait.

C'est pourquoi je veux ici passer outre, et considérer si moi-même, qui ai cette idée de Dieu, je pourrais être, en cas qu'il n'y eût point de Dieu[1]. Et je demande, de qui aurais-je mon existence ? Peut-être de moi-même, ou de mes parents, ou bien de quelques autres causes moins parfaites que Dieu ; car on ne se peut rien imaginer de plus parfait, ni même d'égal à lui.

Or, si j'étais indépendant de tout autre, et que je fusse moi-même l'auteur de mon être, certes je ne douterais d'aucune chose, je ne concevrais plus de désirs, et enfin il ne me manquerait aucune perfection ; car je me serais donné à moi-même toutes celles dont j'ai en moi quelque idée, et ainsi je serais Dieu.

Et je ne me dois point imaginer que les choses qui me manquent sont peut-être plus difficiles à acquérir, que celles dont je suis déjà en possession ; car au contraire il est très certain, qu'il a été beaucoup plus difficile, que moi, c'est-à-dire une chose ou une substance qui pense, soit sorti du néant, qu'il ne me serait d'acquérir les lumières et les connaissances de plusieurs choses que j'ignore, et qui ne sont que des accidents de cette substance. Et ainsi sans difficulté, si je m'étais moi-même donné ce plus que je viens de dire, c'est-à-dire si

1. À partir d'ici commence une seconde démonstration de l'existence de Dieu (par la recherche de l'auteur de mon être).

j'étais l'auteur de ma naissance et de mon existence, je ne me serais pas privé au moins des choses qui sont de plus facile acquisition, à savoir, de beaucoup de connaissances dont ma nature est dénuée ; je ne me serais pas privé non plus d'aucune des choses qui sont contenues dans l'idée que je conçois de Dieu, parce qu'il n'y en a aucune qui me semble de plus difficile acquisition[1] ; et s'il y en avait quelqu'une, certes elle me paraîtrait telle (supposé que j'eusse de moi toutes les autres choses que je possède), puisque j'expérimenterais que ma puissance s'y terminerait, et ne serait pas capable d'y arriver.

Et encore que je puisse supposer que peut-être j'ai toujours été comme je suis maintenant, je ne saurais pas pour cela éviter la force de ce raisonnement, et ne laisse pas de connaître qu'il est nécessaire que Dieu soit l'auteur de mon existence. Car tout le temps de ma vie peut être divisé en une infinité de parties, chacune desquelles ne dépend en aucune façon des autres ; et ainsi, de ce qu'un peu auparavant j'ai été, il ne s'ensuit pas que je doive maintenant être, si ce n'est qu'en ce moment quelque cause me produise et me crée, pour ainsi dire, derechef, c'est-à-dire me conserve[2].

En effet c'est une chose bien claire et bien évidente (à tous ceux qui considéreront avec attention la nature du temps[3]), qu'une substance, pour être conservée dans tous les moments

1. Comme il est certainement beaucoup plus difficile de se donner à soi-même l'existence que de se donner toutes les perfections, si j'étais capable d'être le propre auteur de moi-même, je me serais donné toutes les perfections… \ **2.** C'est ce qu'on appelle la théorie de la Création continue (que Leibniz critiquera en l'appelant un « miracle perpétuel ») : non seulement Dieu est l'auteur de mon existence, mais à tous les instants cette existence ne peut s'expliquer que par un concours de Dieu. L'âme, pouvoir de penser, n'apparaît pas ici, et ne s'apparaît nullement à elle-même, comme un pouvoir autosuffisant pour se conserver dans l'existence, au long de l'infinité d'instants qui composent cette existence, sans un concours de Dieu. Création et continuation sont en réalité une seule et même chose. \ **3.** Dans le temps, seul le présent, et plus précisément l'instant, qui est indéfiniment petit, est réel. Le passé, qui n'est plus, ne peut donc pas me soutenir dans l'existence. C'est pourquoi la cause de mon existence présente doit elle-même être actuelle.

qu'elle dure, a besoin du même pouvoir et de la même action, qui serait nécessaire pour la produire et la créer tout de nouveau, si elle n'était point encore. En sorte que la lumière naturelle nous fait voir clairement, que la conservation et la création ne diffèrent qu'au regard de notre façon de penser, et non point en effet. Il faut donc seulement ici que je m'interroge moi-même, pour savoir si je possède quelque pouvoir et quelque vertu, qui soit capable de faire en sorte que moi, qui suis maintenant, sois encore à l'avenir : car, puisque je ne suis qu'une chose qui pense (ou du moins puisqu'il ne s'agit encore jusques ici précisément que de cette partie-là de moi-même), si une telle puissance résidait en moi, certes je devrais à tout le moins le penser, et en avoir connaissance ; mais je n'en ressens aucune dans moi, et par là je connais évidemment que je dépends de quelque être différent de moi.

Peut-être aussi que cet être-là, duquel je dépends, n'est pas ce que j'appelle Dieu, et que je suis produit, ou par mes parents, ou par quelques autres causes moins parfaites que lui ? Tant s'en faut, cela ne peut être ainsi. Car, comme j'ai déjà dit auparavant[1], c'est une chose très évidente qu'il doit y avoir au moins autant de réalité dans la cause que dans son effet. Et partant, puisque je suis une chose qui pense, et qui ai en moi quelque idée de Dieu, quelle que soit enfin la cause que l'on attribue à ma nature, il faut nécessairement avouer qu'elle doit pareillement être une chose qui pense, et posséder en soi l'idée de toutes les perfections que j'attribue à la nature Divine. Puis l'on peut derechef rechercher si cette cause tient son origine et son existence de soi-même, ou de quelque autre chose. Car si elle la tient de soi-même, il s'ensuit, par les raisons que j'ai ci-devant alléguées, qu'elle-même doit être

1. La première preuve vient ici à l'appui de la seconde. Même si Dieu n'est pas la cause directe de mon existence, au bout de la chaîne, dont mes parents, les leurs, etc., ne sont que des maillons, il est la cause parfaite de mon existence actuelle.

Dieu ; puisque ayant la vertu d'être et d'exister par soi, elle doit aussi avoir sans doute la puissance de posséder actuellement toutes les perfections dont elle conçoit les idées, c'est-à-dire toutes celles que je conçois être en Dieu. Que si elle tient son existence de quelque autre cause que de soi, on demandera derechef, par la même raison, de cette seconde cause, si elle est par soi, ou par autrui, jusques à ce que de degrés en degrés on parvienne enfin à une dernière cause qui se trouvera être Dieu. Et il est très manifeste qu'en cela il ne peut y avoir de progrès à l'infini[1], vu qu'il ne s'agit pas tant ici de la cause qui m'a produit autrefois, comme[2] de celle qui me conserve présentement.

On ne peut pas feindre aussi que peut-être plusieurs causes ont ensemble concouru en partie à ma production, et que de l'une j'ai reçu l'idée d'une des perfections que j'attribue à Dieu, et d'une autre l'idée de quelque autre, en sorte que toutes ces perfections se trouvent bien à la vérité quelque part dans l'Univers, mais ne se rencontrent pas toutes jointes et assemblées dans une seule qui soit Dieu. Car, au contraire, l'unité, la simplicité, ou l'inséparabilité de toutes les choses qui sont en Dieu, est une des principales perfections que je conçois être en lui ; et certes l'idée de cette unité et assemblage de toutes les perfections de Dieu, n'a pu être mise en moi par aucune cause, de qui je n'aie point aussi reçu les idées de toutes les autres perfections. Car elle ne peut pas me les avoir fait comprendre ensemblement jointes et inséparables, sans avoir fait en sorte en même temps que je susse ce qu'elles étaient, et que je les connusse toutes en quelque façon[3].

1. Un progrès (à vrai dire une régression de cause en cause) à l'infini consisterait à dire qu'il n'y a pas de cause première. Mais quelle serait alors la cause qui me maintient dans l'existence *présentement* ? \ **2.** que. \ **3.** Dans l'idée de perfection, toutes les qualités me sont données ensemble — et cela est une condition pour qu'il s'agisse bien de l'idée de perfection. Si cette idée de perfection était le produit de plusieurs causes conjuguées, aucune ne m'aurait donné l'idée, pourtant nécessaire, de cette unité.

Pour ce qui regarde mes parents, desquels il semble que je tire ma naissance, encore que tout ce que j'en ai jamais pu croire soit véritable, cela ne fait pas toutefois que ce soit eux qui me conservent, ni qui m'aient fait et produit en tant que je suis une chose qui pense, puisqu'ils ont seulement mis quelques dispositions dans cette matière, en laquelle je juge que moi, c'est-à-dire mon esprit, lequel seul je prends maintenant pour moi-même, se trouve renfermé ; et partant il ne peut y avoir ici à leur égard aucune difficulté[1], mais il faut nécessairement conclure que, de cela seul que j'existe, et que l'idée d'un être souverainement parfait (c'est-à-dire de Dieu) est en moi, l'existence de Dieu est très évidemment démontrée.

Il me reste seulement à examiner de quelle façon j'ai acquis cette idée. Car je ne l'ai pas reçue par les sens, et jamais elle ne s'est offerte à moi contre mon attente, ainsi que font les idées des choses sensibles, lorsque ces choses se présentent ou semblent se présenter aux organes extérieurs de mes sens. Elle n'est pas aussi une pure production ou fiction de mon esprit ; car il n'est pas en mon pouvoir d'y diminuer ni d'y ajouter aucune chose. Et par conséquent il ne reste plus autre chose à dire, sinon que, comme l'idée de moi-même, elle est née et produite avec moi dès lors que j'ai été créé[2].

Et certes on ne doit pas trouver étrange que Dieu, en me créant, ait mis en moi cette idée pour être comme la marque de l'ouvrier empreinte sur son ouvrage ; et il n'est pas aussi nécessaire que cette marque soit quelque chose de différent de ce même ouvrage. Mais de cela seul que Dieu m'a créé, il

1. Que mes parents soient les auteurs de mon être, c'est vrai en un sens, puisqu'ils sont la cause occasionnelle de mon être en tant qu'on peut juger qu'ils sont en partie la cause de la matière dans laquelle mon âme est logée. Mais ils ne sont ni les conservateurs de mon être présent, ni les auteurs de mon esprit. Mes parents ne sont donc pas la cause essentielle de mon existence. \ **2.** Donc par l'examen de sa nature, il se révèle que l'idée d'infini est une idée innée.

est fort croyable qu'il m'a en quelque façon produit à son image et semblance[1], et que je conçois cette ressemblance (dans laquelle l'idée de Dieu se trouve contenue) par la même faculté par laquelle je me conçois moi-même[2] ; c'est-à-dire que, lorsque je fais réflexion sur moi, non seulement je connais que je suis une chose imparfaite, incomplète, et dépendante d'autrui, qui tend et qui aspire sans cesse à quelque chose de meilleur et de plus grand que je ne suis, mais je connais aussi, en même temps, que celui duquel je dépends, possède en soi toutes ces grandes choses auxquelles j'aspire, et dont je trouve en moi les idées, non pas indéfiniment et seulement en puissance, mais qu'il en jouit en effet, actuellement et infiniment, et ainsi qu'il est Dieu. Et toute la force de l'argument dont j'ai ici usé pour prouver l'existence de Dieu consiste en ce que je reconnais qu'il ne serait pas possible que ma nature fût telle qu'elle est, c'est-à-dire que j'eusse en moi l'idée d'un Dieu, si Dieu n'existait véritablement ; ce même Dieu, dis-je, duquel l'idée est en moi, c'est-à-dire qui possède toutes ces hautes perfections, dont notre esprit peut bien avoir quelque idée sans pourtant les comprendre toutes, qui n'est sujet à aucuns défauts, et qui n'a rien de toutes les choses qui marquent quelque imperfection.

D'où il est assez évident qu'il ne peut être trompeur[3] puisque la lumière naturelle nous enseigne que la tromperie dépend nécessairement de quelque défaut. Mais, auparavant

1. ressemblance. \ **2.** Moi qui suis créé par Dieu, je ne dois pas m'étonner si je porte l'empreinte de celui qui m'a fait. C'est bien cette empreinte que je découvre lorsque, m'examinant attentivement, je découvre en moi-même, et par le même mouvement, à la fois mes imperfections, source de mes dépendances, de mes doutes, de mes désirs, etc., et d'autre part qu'un être parfait, Dieu, existe hors de moi. \ **3.** C'est là un enseignement précieux de cette Méditation : il existe un Dieu parfait, qui par conséquent ne peut être trompeur. Reste à expliquer d'où vient l'erreur, et il sera ensuite possible de se fier totalement aux pensées claires et distinctes, qui ne seront plus seulement *certaines* parce qu'impossibles à mettre en doute, mais *vraies* (car il n'est pas possible que ce Dieu vérace m'ait créé incapable de douter du faux).

que j'examine cela plus soigneusement, et que je passe à la considération des autres vérités que l'on en peut recueillir, il me semble très à propos de m'arrêter quelque temps à la contemplation de ce Dieu tout parfait, de peser tout à loisir ses merveilleux attributs, de considérer, d'admirer et d'adorer l'incomparable beauté de cette immense lumière, au moins autant que la force de mon esprit, qui en demeure en quelque sorte ébloui, me le pourra permettre.

Car, comme la foi[1] nous apprend que la souveraine félicité de l'autre vie ne consiste que dans cette contemplation de la Majesté divine, ainsi expérimenterons-nous dès maintenant, qu'une semblable méditation, quoique incomparablement moins parfaite, nous fait jouir du plus grand contentement que nous soyons capables de ressentir en cette vie.

1. C'est la seule référence à la foi dans le texte même des *Méditations*, dont l'abrégé nous a dit qu'elles ne portaient aucunement sur les matières de la foi. La contemplation, durant cette vie terrestre, de la splendeur divine est comme un avant-goût de la félicité dans la vie éternelle.

MÉDITATION QUATRIÈME

Du vrai et du faux

Je me suis tellement accoutumé ces jours passés à détacher mon esprit des sens, et j'ai si exactement remarqué qu'il y a fort peu de choses que l'on connaisse avec certitude touchant les choses corporelles, qu'il y en a beaucoup plus qui nous sont connues touchant l'esprit humain, et beaucoup plus encore de Dieu même[1], que maintenant je détournerai sans aucune difficulté ma pensée de la considération des choses sensibles ou imaginables, pour la porter à celles qui, étant dégagées de toute matière, sont purement intelligibles.

Et certes l'idée que j'ai de l'esprit humain, en tant qu'il est une chose qui pense, et non étendue en longueur, largeur et profondeur, et qui ne participe à rien de ce qui appartient au corps, est incomparablement plus distincte que l'idée d'aucune chose corporelle. Et lorsque je considère que je doute, c'est-à-dire que je suis une chose incomplète et dépendante, l'idée d'un être complet et indépendant, c'est-à-dire de Dieu, se présente à mon esprit avec tant de distinction et de clarté ; et de cela seul que cette idée se retrouve en moi, ou bien que je suis ou existe, moi qui possède cette idée, je conclus si évidemment l'existence de Dieu, et que la mienne dépend entièrement de lui en tous les moments de ma vie, que je ne pense pas que l'esprit humain puisse rien connaître avec plus d'évidence et de certitude. Et déjà il me semble que je découvre un chemin qui nous conduira de cette contemplation du vrai

1. On remarque que si le *cogito* était la *première* rencontre de la certitude, Dieu apparaît désormais comme la plus haute des certitudes. L'existence de Dieu et ma dépendance à son égard sont telles que rien ne peut être connu « avec plus d'évidence et de certitude ».

Dieu (dans lequel tous les trésors de la science et de la sagesse sont renfermés) à la connaissance des autres choses de l'Univers.

Car, premièrement, je reconnais qu'il est impossible que jamais il me trompe, puisqu'en toute fraude et tromperie il se rencontre quelque sorte d'imperfection. Et quoiqu'il semble que pouvoir tromper soit une marque de subtilité, ou de puissance, toutefois vouloir tromper témoigne sans doute de la faiblesse ou de la malice. Et, partant, cela ne peut se rencontrer en Dieu[1].

En après[2] j'expérimente en moi-même une certaine puissance de juger, laquelle sans doute j'ai reçue de Dieu, de même que tout le reste des choses que je possède ; et comme il ne voudrait pas m'abuser, il est certain qu'il ne me l'a pas donnée telle que je puisse jamais faillir, lorsque j'en userai comme il faut. Et il ne resterait aucun doute de cette vérité, si l'on n'en pouvait, ce semble, tirer cette conséquence, qu'ainsi donc je ne me suis jamais trompé ; car, si je tiens de Dieu tout ce que je possède, et s'il ne m'a point donné de puissance pour faillir, il semble que je ne me doive jamais abuser[3]. Et de vrai, lorsque je ne pense qu'à Dieu, je ne découvre en moi aucune cause d'erreur ou de fausseté ; mais puis après, revenant à moi, l'expérience me fait connaître que je suis néanmoins sujet à une infinité d'erreurs, desquelles recherchant la cause de plus près, je remarque qu'il ne se présente pas seulement à ma pensée une réelle et positive idée de Dieu, ou bien d'un être souverainement parfait, mais aussi, pour ainsi parler, une certaine idée négative du néant, c'est-à-dire de ce qui est infiniment éloigné de toute sorte de perfection ; et que je suis comme un milieu entre Dieu

1. Il est donc désormais tout à fait clair que le Dieu parfait, bien que tout-puissant, n'est pas « malin », donc n'est pas trompeur. Il apparaît au contraire comme le garant de mes certitudes, qui deviennent proprement des vérités. C'est ce que Descartes appelle « la véracité divine ». \ **2.** Ensuite. \ **3.** tromper.

et le néant, c'est-à-dire placé de telle sorte entre le souverain être et le non-être, qu'il ne se rencontre, de vrai, rien en moi qui me puisse conduire dans l'erreur, en tant qu'un souverain être m'a produit ; mais que, si je me considère comme participant en quelque façon du néant ou du non-être, c'est-à-dire en tant que je ne suis pas moi-même le souverain être, je me trouve exposé à une infinité de manquements, de façon que je ne me dois pas étonner si je me trompe[1].

Ainsi je connais que l'erreur, en tant que telle, n'est pas quelque chose de réel qui dépende de Dieu, mais que c'est seulement un défaut[2] ; et partant, que je n'ai pas besoin pour faillir de quelque puissance qui m'ait été donnée de Dieu particulièrement pour cet effet, mais qu'il arrive que je me trompe, de ce que la puissance que Dieu m'a donnée pour discerner le vrai d'avec le faux, n'est pas en moi infinie.

Toutefois cela ne me satisfait pas encore tout à fait ; car l'erreur n'est pas une pure négation, c'est-à-dire, n'est pas le simple défaut ou manquement de quelque perfection qui ne m'est point due, mais plutôt est une privation de quelque connaissance qu'il semble que je devrais posséder. Et considérant la nature de Dieu il ne me semble pas possible qu'il m'ait donné quelque faculté qui soit imparfaite en son genre, c'est-à-dire qui manque de quelque perfection qui lui soit due ; car s'il est vrai que plus l'artisan est expert, plus les ouvrages qui sortent de ses mains sont parfaits et accomplis, quel être nous imaginerions-nous avoir été produit par ce souverain Créateur de toutes choses, qui ne soit parfait et

1. Ce n'est pas ce que Dieu m'a donné en me créant, qui est cause d'erreur, mais ce qui m'éloigne de sa perfection, c'est-à-dire un manque — un néant —, cause de mes « manquements ». Dieu n'en est donc ni directement, ni indirectement responsable. Ce qui entraîne, comme on va le voir, que je peux toujours éviter l'erreur. \ **2.** Le mot conserve ici son sens original : un défaut, c'est un manque (quelque chose qui « fait défaut »). C'est ce qui manque à mon jugement pour qu'il soit infaillible.

entièrement achevé en toutes ses parties ? Et certes il n'y a point de doute que Dieu n'ait pu me créer tel que je ne me pusse jamais tromper, il est certain aussi qu'il veut toujours ce qui est le meilleur : m'est-il donc plus avantageux de faillir, que de ne point faillir[1] ?

Considérant cela avec plus d'attention, il me vient d'abord en la pensée que je ne me dois point étonner, si mon intelligence n'est pas capable de comprendre pourquoi Dieu fait ce qu'il fait, et qu'ainsi je n'ai aucune raison de douter de son existence, de ce que peut-être je vois par expérience beaucoup d'autres choses, sans pouvoir comprendre pour quelle raison ni comment Dieu les a produites. Car, sachant déjà que ma nature est extrêmement faible et limitée, et au contraire que celle de Dieu est immense, incompréhensible, et infinie, je n'ai plus de peine à reconnaître qu'il y a une infinité de choses en sa puissance, desquelles les causes surpassent la portée de mon esprit[2]. Et cette seule raison est suffisante pour me persuader que tout ce genre de causes, qu'on a coutume de tirer de la fin[3], n'est d'aucun usage dans les choses physiques, ou naturelles ; car il ne me semble pas que je puisse sans témérité rechercher et entreprendre de découvrir les fins impénétrables de Dieu.

De plus il me tombe encore en l'esprit, qu'on ne doit pas considérer une seule créature séparément, lorsqu'on recherche

1. On s'attendrait à ce qu'un Être parfait ne crée que des créatures infaillibles. Il s'agira alors de considérer si cette possibilité d'erreur qui est en moi n'est pas la contrepartie d'un avantage que Dieu, qui ne m'a pas fait parfait pour des « raisons » que la finitude de mon esprit m'empêche de comprendre, m'a néanmoins accordé. \ **2.** De ce que je ne vois pas la perfection des choses créées, je pourrais nourrir un doute sur l'existence de Dieu. Ce serait oublier que mon esprit imparfait ne peut embrasser la perfection des œuvres de Dieu. La connaissance humaine est limitée. \ **3.** Les *causes finales* veulent expliquer une chose par son but supposé. Descartes refusera toujours (en métaphysique, mais aussi en physique) les explications finalistes car, comme il le dit ici, l'esprit humain y a l'arrogance de prétendre s'élever à la compréhension des intentions de Dieu.

si les ouvrages de Dieu sont parfaits, mais généralement toutes les créatures ensemble. Car la même chose qui pourrait peut-être avec quelque sorte de raison sembler fort imparfaite, si elle était toute seule, se rencontre très parfaite en sa nature, si elle est regardée comme partie de tout cet Univers[1]. Et quoique, depuis que j'ai fait dessein de douter de toutes choses, je n'ai connu certainement que mon existence et celle de Dieu, toutefois aussi, depuis que j'ai reconnu l'infinie puissance de Dieu, je ne saurais nier qu'il n'ait produit beaucoup d'autres choses, ou du moins qu'il n'en puisse produire, en sorte que j'existe et suis placé dans le monde, comme faisant partie de l'universalité de tous les êtres.

En suite de quoi, me regardant de plus près, et considérant quelles sont mes erreurs (lesquelles seules témoignent qu'il y a en moi de l'imperfection), je trouve qu'elles dépendent du concours de deux causes, à savoir, de la puissance de connaître qui est en moi, et de la puissance d'élire, ou bien de mon libre arbitre : c'est-à-dire, de mon entendement, et ensemble de ma volonté[2]. Car par l'entendement seul je n'assure ni ne nie aucune chose, mais je conçois seulement les idées des choses, que je puis assurer ou nier. Or, en le considérant ainsi précisément, on peut dire qu'il ne se trouve jamais en lui aucune erreur, pourvu qu'on prenne le mot d'erreur en sa propre signification. Et encore qu'il y ait peut-être une infinité de choses dans le monde, dont je n'ai aucune idée en

1. Donc, l'imperfection de mon être considéré isolément n'entraîne pas que l'ensemble de l'Univers créé soit imparfait, même si mon point de vue limité n'en perçoit pas la perfection. La reprise de cet argument conduira Leibniz à affirmer que nous vivons dans le meilleur des mondes possibles, même si notre point de vue fini ne peut toujours le comprendre. De même, Spinoza, dans une autre perspective, affirmera que Dieu (ou, ce qui revient au même, la Nature) est une totalité en elle-même parfaite, que nous n'appréhendons que d'un point de vue humain, donc partiel.
2. Le jugement est donc ici l'opération par laquelle la volonté se prononce librement sur une idée (qu'elle affirme, qu'elle nie — ou qu'elle met en doute) conçue par l'entendement.

mon entendement, on ne peut pas dire pour cela qu'il soit privé de ces idées, comme de quelque chose qui soit due à sa nature, mais seulement qu'il ne les a pas[1] ; parce qu'en effet il n'y a aucune raison qui puisse prouver que Dieu ait dû me donner une plus grande et plus ample faculté de connaître, que celle qu'il m'a donnée ; et, quelque adroit et savant ouvrier que je me le représente, je ne dois pas pour cela penser qu'il ait dû mettre dans chacun de ses ouvrages toutes les perfections qu'il peut mettre dans quelques-uns. Je ne puis pas aussi me plaindre que Dieu ne m'a pas donné un libre arbitre, ou une volonté assez ample et parfaite, puisqu'en effet je l'expérimente si vague[2] et si étendue, qu'elle n'est renfermée dans aucunes bornes. Et ce qui me semble bien remarquable en cet endroit, est que, de toutes les autres choses qui sont en moi, il n'y en a aucune si parfaite et si étendue, que je ne reconnaisse bien qu'elle pourrait être encore plus grande et plus parfaite. Car, par exemple, si je considère la faculté de concevoir qui est en moi, je trouve qu'elle est d'une fort petite étendue, et grandement limitée, et tout ensemble je me représente l'idée d'une autre faculté beaucoup plus ample, et même infinie ; et de cela seul que je puis me représenter son idée, je connais sans difficulté qu'elle appartient à la nature de Dieu. En même façon, si j'examine la mémoire, ou l'imagination, ou quelque autre puissance, je n'en trouve aucune qui ne soit en moi très petite et bornée, et qui en Dieu ne soit immense et infinie. Il n'y a que la seule volonté, que j'expé-

1. D'une part, mon entendement ne se trompe jamais, puisqu'il ne juge pas, mais se contente de produire des idées, et d'autre part, on ne peut dire que Dieu lui *devait* la connaissance de toutes les idées, puisque mon imperfection n'entraîne pas celle de l'*ensemble* de la Création. \ **2.** Au sens originel : infini, sans borne. La volonté humaine est en effet positivement infinie : elle a le pouvoir absolument autonome d'accepter, refuser, ou mettre en suspens ce que l'entendement lui propose. Elle est comme l'image du créateur dans la créature. C'est ce qui explique que même un être tout-puissant n'a pas le pouvoir de me tromper, dès lors que je décide de douter de ce qui n'est pas clair et distinct.

rimente en moi être si grande, que je ne conçois point l'idée d'aucune autre plus ample et plus étendue : en sorte que c'est elle principalement qui me fait connaître que je porte l'image et la ressemblance de Dieu. Car, encore qu'elle soit incomparablement plus grande dans Dieu, que dans moi, soit à raison de la connaissance et de la puissance, qui s'y trouvant jointes la rendent plus ferme et plus efficace, soit à raison de l'objet, d'autant qu'elle se porte et s'étend infiniment à plus de choses ; elle ne me semble pas toutefois plus grande, si je la considère formellement et précisément en elle-même[1]. Car elle consiste seulement en ce que nous pouvons faire une chose, ou ne la faire pas (c'est-à-dire affirmer ou nier, poursuivre ou fuir), ou plutôt seulement en ce que, pour affirmer ou nier, poursuivre ou fuir les choses que l'entendement nous propose, nous agissons en telle sorte que nous ne sentons point qu'aucune force extérieure nous y contraigne. Car, afin que je sois libre, il n'est pas nécessaire que je sois indifférent à choisir l'un ou l'autre des deux contraires ; mais plutôt, d'autant plus que je penche vers l'un, soit que je connaisse évidemment que le bien et le vrai s'y rencontrent, soit que Dieu dispose ainsi l'intérieur de ma pensée, d'autant plus librement j'en fais choix et je l'embrasse[2]. Et certes la grâce divine et la connaissance naturelle, bien loin de diminuer ma liberté, l'augmentent plutôt, et la fortifient. De façon que cette indifférence que je sens, lorsque je ne suis point emporté vers un côté plutôt que vers un autre par le poids d'aucune raison, est le plus bas degré de la liberté, et fait plutôt paraître un défaut dans la connaissance, qu'une perfection dans la volonté, car si je connaissais toujours clairement ce qui est

1. La volonté humaine, à l'image de celle de Dieu, est donc en *elle-même* sans limite, mais elle est limitée par les bornes de l'entendement et de la puissance. On peut vouloir sans rencontrer de limite, mais on ne peut pas comprendre ni atteindre tout ce qu'on veut. \ **2.** *Cf.* Glossaire : Liberté, p. 208.

vrai et ce qui est bon, je ne serais jamais en peine de délibérer quel jugement et quel choix je devrais faire ; et ainsi je serais entièrement libre, sans jamais être indifférent.

De tout ceci je reconnais que ni la puissance de vouloir, laquelle j'ai reçue de Dieu, n'est point d'elle-même la cause de mes erreurs, car elle est très ample et très parfaite en son espèce ; ni aussi la puissance d'entendre[1] ou de concevoir : car ne concevant rien que par le moyen de cette puissance que Dieu m'a donnée pour concevoir, sans doute que tout ce que je conçois, je le conçois comme il faut, et il n'est pas possible qu'en cela je me trompe. D'où est-ce donc que naissent mes erreurs ? C'est à savoir, de cela seul que, la volonté étant beaucoup plus ample et plus étendue que l'entendement, je ne la contiens pas dans les mêmes limites, mais que je l'étends aussi aux choses que je n'entends pas ; auxquelles étant de soi indifférente, elle s'égare fort aisément, et choisit le mal pour le bien, ou le faux pour le vrai. Ce qui fait que je me trompe et que je pèche[2].

Par exemple, examinant ces jours passés si quelque chose existait dans le monde, et connaissant que, de cela seul que j'examinais cette question, il suivait très évidemment que j'existais moi-même, je ne pouvais pas m'empêcher de juger qu'une chose que je concevais si clairement était vraie, non que je m'y trouvasse forcé par aucune cause extérieure, mais seulement, parce que d'une grande clarté qui était en mon entendement, a suivi une grande inclination en ma volonté ; et je me suis porté à croire avec d'autant plus de liberté, que je me suis trouvé avec moins d'indifférence. Au contraire, à présent je ne connais pas seulement que j'existe, en tant que

1. de comprendre. \ **2.** Tout l'art de la sagesse consiste donc à contenir sa volonté infinie dans les limites de son entendement et de sa puissance finis : dans l'espace ainsi défini, je suis libre et infaillible. Viser ainsi le meilleur usage de son libre arbitre, c'est une des conditions de ce que le traité *Les Passions de l'âme* appellera la générosité.

je suis quelque chose qui pense, mais il se présente aussi à mon esprit une certaine idée de la nature corporelle : ce qui fait que je doute si cette nature qui pense, qui est en moi, ou plutôt par laquelle je suis ce que je suis, est différente de cette nature corporelle, ou bien si toutes deux ne sont qu'une même chose. Et je suppose ici que je ne connais encore aucune raison, qui me persuade plutôt l'un que l'autre : d'où il suit que je suis entièrement indifférent à le nier, ou à l'assurer, ou bien même à m'abstenir d'en donner aucun jugement.

Et cette indifférence ne s'étend pas seulement aux choses dont l'entendement n'a aucune connaissance, mais généralement aussi à toutes celles qu'il ne découvre pas avec une parfaite clarté, au moment que la volonté en délibère ; car, pour probables que soient les conjectures[1] qui me rendent enclin à juger quelque chose, la seule connaissance que j'ai que ce ne sont que des conjectures, et non des raisons certaines et indubitables, suffit pour me donner occasion de juger le contraire. Ce que j'ai suffisamment expérimenté ces jours passés lorsque j'ai posé pour faux tout ce que j'avais tenu auparavant pour très véritable, pour cela seul que j'ai remarqué que l'on en pouvait douter en quelque sorte.

Or si je m'abstiens de donner mon jugement sur une chose, lorsque je ne la conçois pas avec assez de clarté et de distinction, il est évident que j'en use fort bien, et que je ne suis point trompé ; mais si je me détermine à la nier, ou assurer, alors je ne me sers plus comme je dois de mon libre arbitre[2] ; et si j'assure ce qui n'est pas vrai, il est évident que je me trompe, même aussi, encore que je juge selon la vérité, cela n'arrive que par hasard, et je ne laisse pas[3] de faillir, et d'user mal de mon libre arbitre[4] ; car la lumière naturelle nous

1. suppositions. \ **2.** Moins il a de certitude, plus le sujet est « indifférent », c'est-à-dire hésitant, et moins il est libre. \ **3.** je ne cesse pas. \ **4.** Même lorsque *par hasard* j'affirme une pensée en elle-même vraie, mais sans qu'elle m'apparaisse clairement être telle, je n'use pas correctement de mon jugement.

enseigne que la connaissance de l'entendement doit toujours précéder la détermination de la volonté. Et c'est dans ce mauvais usage du libre arbitre, que se rencontre la privation qui constitue la forme de l'erreur. La privation, dis-je, se rencontre dans l'opération, en tant qu'elle procède de moi ; mais elle ne se trouve pas dans la puissance que j'ai reçue de Dieu, ni même dans l'opération, en tant qu'elle dépend de lui. Car je n'ai certes aucun sujet de me plaindre, de ce que Dieu ne m'a pas donné une intelligence plus capable, ou une lumière naturelle plus grande que celle que je tiens de lui, puisqu'en effet il est du propre de l'entendement fini, de ne pas comprendre une infinité de choses, et du propre d'un entendement créé d'être fini : mais j'ai tout sujet de lui rendre grâces, de ce que, ne m'ayant jamais rien dû, il m'a néanmoins donné tout le peu de perfections qui est en moi ; bien loin de concevoir des sentiments si injustes que de m'imaginer qu'il m'ait ôté ou retenu injustement les autres perfections qu'il ne m'a point données. Je n'ai pas aussi sujet de me plaindre, de ce qu'il m'a donné une volonté plus étendue que l'entendement, puisque, la volonté ne consistant qu'en une seule chose, et son sujet étant comme indivisible[1], il semble que sa nature est telle qu'on ne lui saurait rien ôter sans la détruire ; et certes plus elle se trouve être grande, et plus j'ai à remercier la bonté de celui qui me l'a donnée. Et enfin je ne dois pas aussi me plaindre, de ce que Dieu concourt avec moi pour former les actes de cette volonté, c'est-à-dire les jugements dans lesquels je me trompe, parce que ces

1. Une volonté bornée ne serait plus vraiment une volonté, car il est dans la nature du vouloir de ne pas rencontrer de bornes *extérieures* à lui-même et de se donner à lui-même ses propres bornes. Ce qui se joue derrière cette conception, c'est la liberté d'adhérer ou de refuser, dont on a vu précédemment que même un être infiniment trompeur ne pouvait l'empêcher d'exercer son pouvoir de douter. Dieu m'a créé avec une volonté qui, par nature, n'est pas contrôlable, sinon on ne pourrait plus vraiment dire que c'est moi qui veux et il n'y aurait plus à proprement parler de volonté.

actes-là sont entièrement vrais, et absolument bons, en tant qu'ils dépendent de Dieu ; et il y a en quelque sorte plus de perfection en ma nature, de ce que je les puis former, que si je ne le pouvais pas[1]. Pour la privation, dans laquelle seule consiste la raison formelle de l'erreur et du péché, elle n'a besoin d'aucun concours de Dieu, puisque ce n'est pas une chose ou un être, et que, si on la rapporte à Dieu comme à sa cause, elle ne doit pas être nommée privation, mais seulement négation, selon la signification qu'on donne à ces mots dans l'École[2].

Car en effet ce n'est point une imperfection en Dieu, de ce qu'il m'a donné la liberté de donner mon jugement, ou de ne le pas donner, sur certaines choses dont il n'a pas mis une claire et distincte connaissance en mon entendement ; mais sans doute c'est en moi une imperfection, de ce que je n'en use pas bien, et que je donne téméairement mon jugement, sur des choses que je ne conçois qu'avec obscurité et confusion.

Je vois néanmoins qu'il était aisé à Dieu de faire en sorte que je ne me trompasse jamais, quoique je demeurasse libre, et d'une connaissance bornée, à savoir, en donnant à mon entendement une claire et distincte intelligence de toutes les choses dont je devais jamais délibérer[3], ou bien seulement s'il eût si

1. D'une part, l'erreur ne réside pas dans la puissance de la volonté, qui dépendrait ainsi du Dieu qui l'a créée et la soutient, mais dans l'application personnelle de cette puissance à des pensées que l'entendement ne maîtrise pas ; d'autre part, comme on va le voir, cette possibilité de l'erreur est une condition de la liberté de ma pensée et prouve que lorsque je juge bien, c'est *librement* que j'adhère au vrai. \ **2.** L'École, c'est la pensée scolastique qui régnait jusqu'à la Renaissance. Formellement, l'erreur n'est rien, elle est un néant, un manque qui affecte l'entendement. Ce n'est pas une privation (il y aurait quelque chose qui me serait dû, qui devrait être là) mais une négation : un rien. L'erreur n'est donc pas un effet de Dieu, mais, on l'a vu, du mauvais usage de la volonté. \ **3.** Dieu aurait pu faire que je ne me trompe pas s'il m'avait donné la faculté de comprendre tout ce à propos de quoi j'aurais à prendre des décisions, ou bien s'il avait rendu ma volonté incapable d'adhérer à ce qu'elle ne comprend pas. Dans les deux cas, il m'aurait rendu infaillible.

profondément gravé dans ma mémoire la résolution de ne juger jamais d'aucune chose sans la concevoir clairement et distinctement, que je ne la pusse jamais oublier. Et je remarque bien qu'en tant que je me considère tout seul, comme s'il n'y avait que moi au monde, j'aurais été beaucoup plus parfait que je ne suis, si Dieu m'avait créé tel que je ne faillisse jamais. Mais je ne puis pas pour cela nier, que ce ne soit en quelque façon une plus grande perfection dans tout l'Univers, de ce que quelques-unes de ses parties ne sont pas exemptes de défauts, que si elles étaient toutes semblables[1]. Et je n'ai aucun droit de me plaindre, si Dieu, m'ayant mis au monde, n'a pas voulu me mettre au rang des choses les plus nobles et les plus parfaites. Même j'ai sujet de me contenter de ce que, s'il ne m'a pas donné la vertu de ne point faillir, par le premier moyen que j'ai ci-dessus déclaré, qui dépend d'une claire et évidente connaissance de toutes les choses dont je puis délibérer, il a au moins laissé en ma puissance de ne jamais donner mon jugement sur les choses dont la vérité ne m'est pas clairement connue. Car quoique je remarque cette faiblesse en ma nature, que je ne puis attacher continuellement mon esprit à une même pensée[2], je puis toutefois, par une méditation attentive et souvent réitérée, me l'imprimer si fortement en la mémoire, que je ne manque jamais de m'en ressouvenir, toutes les fois que j'en aurai besoin, et acquérir de cette façon l'habitude de ne point faillir[3]. Et, d'autant que c'est en cela que consiste la

1. Je serais meilleur si j'avais été créé infaillible, mais un monde dans lequel certaines parties ne sont pas sans défaut n'est pas, dans sa totalité, un monde moins parfait que s'il était constitué de parties toutes parfaites, mais alors toutes identiques. Par ailleurs, la liberté de juger est un gain appréciable… \ **2.** C'est une autre limite de l'esprit humain : il ne peut rester continuellement attentif à une idée, ne serait-ce que parce qu'il ne peut penser à tout à la fois. La mémoire est la faculté qui permet de revenir à une pensée dont l'esprit s'est momentanément détourné. \ **3.** C'est exactement le but de l'ensemble des *Méditations métaphysiques*. Mon infaillibilité est à poursuivre, elle doit être *mon* œuvre.

plus grande et principale perfection de l'homme, j'estime n'avoir pas peu gagné par cette Méditation, que d'avoir découvert la cause des fausseté et des erreurs.

Et certes il n'y en peut avoir d'autre que celle que j'ai expliquée; car toutes les fois que je retiens tellement ma volonté dans les bornes de ma connaissance, qu'elle ne fait aucun jugement que des choses qui lui sont clairement et distinctement représentées par l'entendement, il ne se peut faire que je me trompe; parce que toute conception claire et distincte est sans doute quelque chose de réel et de positif[1] ; et partant ne peut tirer son origine du néant, mais doit nécessairement avoir Dieu pour son auteur, Dieu, dis-je, qui, étant souverainement parfait, ne peut être cause d'aucune erreur; et par conséquent il faut conclure qu'une telle conception ou un tel jugement est véritable.

Au reste je n'ai pas seulement appris aujourd'hui ce que je dois éviter pour ne plus faillir, mais aussi ce que je dois faire pour parvenir à la connaissance de la vérité. Car, certainement j'y parviendrai, si j'arrête suffisamment mon attention sur toutes les choses que je concevrai parfaitement, et si je les sépare des autres que je ne comprends qu'avec confusion et obscurité[2]. À quoi dorénavant je prendrai soigneusement garde.

1. C'est là un principe fondamental de ce qu'on peut appeler l'idéalisme cartésien : à une pensée rigoureuse correspond forcément une réalité effective. \ **2.** La Méditation s'achève donc sur un énoncé des règles d'évidence qui permettent d'accroître son savoir avec certitude : la clarté (obtenue grâce à une attention soutenue à l'égard de choses parfaitement conçues) et la distinction (obtenue en séparant ce qui est clairement conçu de ce qui est confus et obscur).

MÉDITATION CINQUIÈME

De l'essence des choses matérielles ; et, derechef de Dieu, qu'il existe

Il me reste beaucoup d'autres choses à examiner, touchant les attributs de Dieu, et touchant ma propre nature, c'est-à-dire celle de mon esprit : mais j'en reprendrai peut-être une autre fois la recherche. Maintenant (après avoir remarqué ce qu'il faut faire ou éviter pour parvenir à la connaissance de la vérité), ce que j'ai principalement à faire, est d'essayer de sortir et de me débarrasser de tous les doutes où je suis tombé ces jours passés[1], et voir si l'on ne peut rien connaître de certain touchant les choses matérielles.

Mais avant que j'examine s'il y a de telles choses qui existent hors de moi, je dois considérer leurs idées, en tant qu'elles sont en ma pensée, et voir quelles sont celles qui sont distinctes, et quelles sont celles qui sont confuses.

En premier lieu, j'imagine distinctement cette quantité que les philosophes appellent vulgairement la quantité continue, ou bien l'extension en longueur, largeur et profondeur, qui est en cette quantité, ou plutôt en la chose à qui on l'attribue. De plus, je puis nombrer[2] en elle plusieurs diverses parties, et attribuer à chacune de ces parties toutes sortes de grandeurs, de figures, de situations, et de mouvements ; et enfin, je puis assigner à chacun de ces mouvements toutes sortes de durées[3].

1. Il s'agit évidemment de lever tous les doutes qui ne se justifient plus, maintenant que le sujet méditant dispose de garanties de certitude. Il ne s'agit pas de lever absolument tout doute. \ **2.** compter. \ **3.** L'extension (ou « étendue »), le nombre de parties, la figure, la situation, le mouvement, la durée, qui sont les idées claires par lesquelles on peut se représenter les corps matériels, ont ceci de commun qu'elles sont toutes quantifiables et géométrisables. Ces idées, comme le dit la suite, sont comme l'idée de Dieu, des idées innées.

Et je ne connais pas seulement ces choses avec distinction, lorsque je les considère en général ; mais aussi, pour peu que j'y applique mon attention, je conçois une infinité de particularités touchant les nombres, les figures, les mouvements, et autres choses semblables, dont la vérité se fait paraître avec tant d'évidence et s'accorde si bien avec ma nature, que lorsque je commence à les découvrir, il ne me semble pas que j'apprenne rien de nouveau, mais plutôt que je me ressouviens de ce que je savais déjà auparavant, c'est-à-dire que j'aperçois des choses qui étaient déjà dans mon esprit, quoique je n'eusse pas encore tourné ma pensée vers elles[1].

Et ce que je trouve ici de plus considérable, est que je trouve en moi une infinité d'idées de certaines choses, qui ne peuvent pas être estimées un pur néant, quoique peut-être elles n'aient aucune existence hors de ma pensée, et qui ne sont pas feintes par moi, bien qu'il soit en ma liberté de les penser ou ne les penser pas ; mais elles ont leurs natures vraies et immuables. Comme, par exemple, lorsque j'imagine un triangle, encore qu'il n'y ait peut-être en aucun lieu du monde hors de ma pensée une telle figure, et qu'il n'y en ait jamais eu, il ne laisse pas néanmoins d'y avoir une certaine nature, ou forme, ou essence déterminée de cette figure, laquelle est immuable et éternelle, que je n'ai point inventée, et qui ne dépend en aucune façon de mon esprit ; comme il paraît de ce que l'on peut démontrer diverses propriétés de ce triangle, à savoir, que les trois angles sont égaux à deux droits, que le plus grand angle est soutenu par le plus grand côté, et autres semblables, lesquelles maintenant, soit que je le veuille ou non, je reconnais très clairement et très évidemment être en lui, encore que je n'y aie pensé auparavant en aucune façon, lorsque je me suis

1. Nombres, figures, mouvements sont donc bien des idées innées. On peut rapprocher ce passage de ce que soutenait Socrate dans le *Ménon* de Platon : « Apprendre, c'est se ressouvenir » (85b-86c).

imaginé la première fois un triangle; et partant[1] on ne peut pas dire que je les aie feintes et inventées.

Et je n'ai que faire ici de m'objecter, que peut-être cette idée du triangle est venue en mon esprit par l'entremise de mes sens, parce que j'ai vu quelquefois des corps de figure triangulaire; car je puis former en mon esprit une infinité d'autres figures, dont on ne peut avoir le moindre soupçon que jamais elles me soient tombées sous les sens[2], et je ne laisse pas toutefois de pouvoir démontrer diverses propriétés touchant leur nature, aussi bien que touchant celle du triangle: lesquelles certes doivent être toutes vraies, puisque je les conçois clairement. Et partant elles sont quelque chose, et non pas un pur néant; car il est très évident que tout ce qui est vrai est quelque chose, et j'ai déjà amplement démontré ci-dessus que toutes les choses que je connais clairement et distinctement sont vraies[3]. Et quoique je ne l'eusse pas démontré, toutefois la nature de mon esprit est telle, que je ne me saurais empêcher de les estimer vraies, pendant que je les conçois clairement et distinctement. Et je me ressouviens que, lors même que j'étais encore fortement attaché aux objets des sens, j'avais tenu au nombre des plus constantes vérités celles que je concevais clairement et distinctement touchant les figures, les nombres, et les autres choses qui appartiennent à l'arithmétique et à la géométrie[4].

1. par suite. \ **2.** Par exemple, le chiliogone (figure à mille côtés) dont il sera question dans la *Sixième Méditation* (*cf.* p. 112): je ne l'ai jamais vu, je suis incapable d'en former une image précise; je ne peux donc que le *concevoir*. Mais un bon géomètre pourrait démontrer certaines de ses propriétés nécessaires. Il est donc quelque chose. Cet exemple, articulé avec celui du triangle qui précède, illustre exactement le modèle de connaissance sur lequel Descartes se règle. \ **3.** C'est donc un détour par la pensée pure, rigoureuse, claire et distincte, qui nous permet vraiment de connaître le réel. Reste à préciser ce qu'on entend ici par « réel ». \ **4.** Rétrospectivement, on peut donc dire que c'est ce qui se manifestait à la fin de la *Première Méditation* (nécessité de recourir à l'artifice suprême du malin génie) et à la fin de la *Seconde Méditation* (analyse du morceau de cire).

Or maintenant, si de cela seul que je puis tirer de ma pensée l'idée de quelque chose, il s'ensuit que tout ce que je reconnais clairement et distinctement appartenir à cette chose, lui appartient en effet, ne puis-je pas tirer de ceci un argument et une preuve démonstrative de l'existence de Dieu[1] ? Il est certain que je ne trouve pas moins en moi son idée, c'est-à-dire l'idée d'un être souverainement parfait, que celle de quelque figure ou de quelque nombre que ce soit. Et je ne connais pas moins clairement et distinctement qu'une actuelle et éternelle existence appartient à sa nature, que je connais que tout ce que je puis démontrer de quelque figure ou de quelque nombre, appartient véritablement à la nature de cette figure ou de ce nombre[2]. Et partant, encore que[3] tout ce que j'ai conclu dans les Méditations précédentes, ne se trouve point véritable, l'existence de Dieu doit passer en mon esprit au moins pour aussi certaine, que j'ai estimé jusques ici toutes les vérités des mathématiques, qui ne regardent que les nombres et les figures : bien qu'à la vérité cela ne paraisse pas d'abord entièrement manifeste, mais semble avoir quelque apparence de sophisme[4]. Car, ayant accoutumé dans toutes les autres choses de faire distinction entre l'existence et l'essence, je me persuade aisément que l'existence peut être séparée de l'essence de Dieu, et qu'ainsi on peut concevoir Dieu comme n'étant pas actuellement[5]. Mais néanmoins, lorsque j'y pense avec plus d'attention, je trouve manifestement que l'existence ne peut non plus[6] être séparée de l'es-

1. Troisième preuve de l'existence de Dieu, dite preuve ontologique. \ **2.** De la même façon que les propriétés exprimées par le théorème de Pythagore suivent clairement et distinctement, donc nécessairement, l'idée de triangle, la propriété « exister » appartient nécessairement à l'idée d'un être parfait. Car s'il lui manquait quelque chose, par exemple l'existence, ce ne serait pas l'idée d'un être parfait. \ **3.** même si. \ **4.** Un sophisme est un raisonnement dont la forme logique donne l'illusion qu'il est correct, mais qui en réalité est faux. \ **5.** Descartes prévoit ici une objection qu'on va effectivement lui faire : l'*idée* d'existence, qui est contenue dans l'idée d'un être parfait, n'est pas l'existence *effective*. \ **6.** pas plus.

sence de Dieu, que de l'essence d'un triangle rectiligne la grandeur de ses trois angles égaux à deux droits, ou bien de l'idée d'une montagne l'idée d'une vallée ; en sorte qu'il n'y a pas moins de répugnance[1] de concevoir un Dieu (c'est-à-dire un être souverainement parfait) auquel manque l'existence (c'est-à-dire auquel manque quelque perfection), que de concevoir une montagne qui n'ait point de vallée.

Mais encore qu'en effet je ne puisse pas concevoir un Dieu sans existence, non plus qu'une montagne sans vallée, toutefois, comme de cela seul que je conçois une montagne avec une vallée, il ne s'ensuit pas qu'il y ait aucune montagne dans le monde, de même aussi, quoique je conçoive Dieu avec l'existence, il semble qu'il ne s'ensuit pas pour cela qu'il y en ait aucun qui existe : car ma pensée n'impose aucune nécessité aux choses ; et comme il ne tient qu'à moi d'imaginer un cheval ailé, encore qu'il n'y en ait aucun qui ait des ailes, ainsi je pourrais peut-être attribuer l'existence à Dieu, encore qu'il n'y ait aucun Dieu qui existât. Tant s'en faut, c'est ici qu'il y a un sophisme caché sous l'apparence de cette objection : car de ce que je ne puis concevoir une montagne sans vallée, il ne s'ensuit pas qu'il y ait au monde aucune montagne, ni aucune vallée, mais seulement que la montagne et la vallée, soit qu'il y en ait, soit qu'il n'y en ait point, ne se peuvent en aucune façon séparer l'une d'avec l'autre ; au lieu que, de cela seul que je ne puis concevoir Dieu sans existence, il s'ensuit que l'existence est inséparable de lui, et partant qu'il existe véritablement : non pas que ma pensée puisse faire que cela soit de la sorte, et qu'elle impose aux choses aucune nécessité ; mais, au contraire, parce que la nécessité de la chose même, à savoir de l'existence de Dieu, détermine ma pensée à le concevoir de cette façon. Car il n'est pas en ma liberté de

1. contradiction logique.

concevoir un Dieu sans existence (c'est-à-dire un être souverainement parfait sans une souveraine perfection), comme il m'est libre d'imaginer un cheval sans ailes ou avec des ailes[1].

Et on ne doit pas dire ici qu'il est à la vérité nécessaire que j'avoue que Dieu existe, après que j'ai supposé qu'il possède toutes sortes de perfections, puisque l'existence en est une, mais qu'en effet ma première supposition n'était pas nécessaire ; de même qu'il n'est point nécessaire de penser que toutes les figures de quatre côtés se peuvent inscrire dans le cercle, mais que, supposant que j'aie cette pensée, je suis contraint d'avouer que le rhombe[2] se peut inscrire dans le cercle, puisque c'est une figure de quatre côtés ; et ainsi je serai contraint d'avouer une chose fausse. On ne doit point, dis-je, alléguer cela : car encore qu'il ne soit pas nécessaire que je tombe jamais dans aucune pensée de Dieu, néanmoins, toutes les fois qu'il m'arrive de penser à un être premier et souverain, et de tirer, pour ainsi dire, son idée du trésor de mon esprit, il est nécessaire que je lui attribue toutes sortes de perfections, quoique je ne vienne pas à les nombrer toutes, et à appliquer mon attention sur chacune d'elles en particulier. Et cette nécessité est suffisante pour me faire conclure (après que j'ai reconnu que l'existence est une perfection), que cet être premier et souverain existe véritablement : de même qu'il n'est pas nécessaire que j'imagine jamais aucun triangle ; mais toutes les fois que je veux considérer une figure

1. Lorsque je me représente un cheval ailé, il ne s'ensuit pas que celui-ci existe. Lorsque je vois qu'il n'y a pas de montagne sans vallée, il ne s'ensuit pas qu'une montagne ou une vallée existent. Mais lorsque je conçois clairement et distinctement l'idée d'un être parfait, je ne peux me le représenter autrement qu'existant. Cette nécessité qui s'impose à mon esprit prouve cette existence, sinon je serais condamné à voir clairement et distinctement une idée fausse... \ **2.** Ancien nom du losange. Descartes répond à l'objection suivante : affirmer que toutes les figures de quatre côtés s'inscrivent dans un cercle, cela conduirait à dire que le losange a cette qualité. Mais, répond-il, la prémisse est ici fausse... En revanche, affirmer que l'idée d'un Dieu contient toutes les perfections n'est pas une fausse prémisse. La conséquence (l'existence de Dieu) est donc valide.

rectiligne composée seulement de trois angles, il est absolument nécessaire que je lui attribue toutes les choses qui servent à conclure que ses trois angles ne sont pas plus grands que deux droits, encore que peut-être je ne considère pas alors cela en particulier. Mais quand j'examine quelles figures sont capables d'être inscrites dans le cercle, il n'est en aucune façon nécessaire que je pense que toutes les figures de quatre côtés sont de ce nombre[1] ; au contraire, je ne puis pas même feindre que cela soit, tant que je ne voudrai rien recevoir en ma pensée, que ce que je pourrai concevoir clairement et distinctement. Et par conséquent il y a une grande différence entre les fausses suppositions, comme est celle-ci, et les véritables idées qui sont nées avec moi[2], dont la première et principale est celle de Dieu.

Car en effet je reconnais en plusieurs façons que cette idée n'est point quelque chose de feint ou d'inventé, dépendant seulement de ma pensée, mais que c'est l'image d'une vraie et immuable nature. Premièrement, à cause que je ne saurais concevoir autre chose que Dieu seul, à l'essence de laquelle l'existence appartienne avec nécessité. Puis aussi, parce qu'il ne m'est pas possible de concevoir deux ou plusieurs Dieux de même façon[3]. Et, posé qu'il y en ait un maintenant qui existe, je vois clairement qu'il est nécessaire qu'il ait été auparavant de toute éternité, et qu'il soit éternellement à l'avenir. Et enfin, parce que je connais une infinité d'autres choses[4] en Dieu, desquelles je ne puis rien diminuer ni changer.

1. La réponse est donc qu'il est impossible de penser à Dieu sans le penser existant, comme il est impossible de penser à un triangle sans que ses trois angles égalent 180°, tandis qu'il n'est pas nécessaire, lorsqu'on pense aux figures inscriptibles dans un cercle, de penser que c'est le cas de tous les quadrilatères. \ **2.** Les idées dites « innées ». \ **3.** Si Dieu est *parfait*, il possède *tout*, donc il ne peut être qu'unique et éternel. Si une autre perfection existait hors de lui, elle lui manquerait : il ne serait donc pas parfait. L'unicité, comme l'éternité, suit de la perfection. \ **4.** Le texte latin dit : *multa alia* (une multitude, une pluralité — non une infinité).

Au reste, de quelque preuve et argument que je me serve, il en faut toujours revenir là, qu'il n'y a que les choses que je conçois clairement et distinctement, qui aient la force de me persuader entièrement. Et quoique entre les choses que je conçois de cette sorte, il y en ait à la vérité quelques-unes manifestement connues d'un chacun, et qu'il y en ait d'autres aussi qui ne se découvrent qu'à ceux qui les considèrent de plus près et qui les examinent plus exactement; toutefois, après qu'elles sont une fois découvertes, elles ne sont pas estimées moins certaines les unes que les autres[1]. Comme, par exemple, en tout triangle rectangle, encore qu'il ne paraisse pas d'abord si facilement que le carré de la base est égal aux carrés des deux autres côtés[2], comme il est évident que cette base est opposée au plus grand angle, néanmoins, depuis que cela a été une fois reconnu, on est autant persuadé de la vérité de l'un que de l'autre. Et pour ce qui est de Dieu, certes, si mon esprit n'était prévenu d'aucuns préjugés, et que ma pensée ne se trouvât point divertie par la présence continuelle des images des choses sensibles, il n'y aurait aucune chose que je connusse plutôt ni plus facilement que lui. Car y a-t-il rien de soi plus clair et plus manifeste, que de penser qu'il y a un Dieu, c'est-à-dire un être souverain et parfait, en l'idée duquel seul l'existence nécessaire ou éternelle est comprise, et par conséquent qui existe[3] ?

Et quoique pour bien concevoir cette vérité, j'aie eu besoin d'une grande application d'esprit, toutefois à présent je ne m'en tiens pas seulement aussi assuré que de tout ce qui me semble le plus certain : mais, outre cela, je remarque que la

1. Qu'une vérité ne soit pas connue de tous et ait été *progressivement* découverte n'empêche pas qu'elle soit absolument vraie. Les opinions sont relatives et changeantes, pas les vérités. \ **2.** C'est le théorème de Pythagore. \ **3.** À nouveau, on vérifie que si le *cogito* est la *première* certitude au sens chronologique, Dieu est la première certitude au sens ontologique (dans l'ordre de l'être), ce qu'il y a désormais de plus clair et de plus manifeste.

certitude de toutes les autres choses en dépend si absolument, que sans cette connaissance il est impossible de pouvoir jamais rien savoir parfaitement[1].

Car encore que je sois d'une telle nature, que, dès aussitôt[2] que je comprends quelque chose fort clairement et fort distinctement, je suis naturellement porté à la croire vraie ; néanmoins, parce que je suis aussi d'une telle nature, que je ne puis pas avoir l'esprit toujours attaché à une même chose, et que souvent je me ressouviens d'avoir jugé une chose être vraie ; lorsque je cesse de considérer les raisons qui m'ont obligé à la juger telle, il peut arriver pendant ce temps-là que d'autres raisons se présentent à moi, lesquelles me feraient aisément changer d'opinion, si j'ignorais qu'il y ait un Dieu. Et ainsi je n'aurais jamais une vraie et certaine science d'aucune chose que ce soit, mais seulement de vagues et inconstantes opinions.

Comme, par exemple, lorsque je considère la nature du triangle, je connais évidemment, moi qui suis un peu versé dans la géométrie, que ses trois angles sont égaux à deux droits, et il ne m'est pas possible de ne le point croire, pendant que j'applique ma pensée à sa démonstration ; mais aussitôt que je l'en détourne, encore que je me ressouvienne de l'avoir clairement comprise, toutefois il se peut faire aisément que je doute de sa vérité, si j'ignore qu'il y ait un Dieu. Car je puis me persuader d'avoir été fait tel par la nature, que je me puisse aisément tromper, même dans les choses que je crois comprendre avec le plus d'évidence et de certitude ; vu principalement que je me ressouviens d'avoir souvent estimé

1. Descartes ira ainsi jusqu'à dire qu'un mathématicien ne peut pas être sûr des mathématiques s'il ne croit pas en Dieu. Plus largement : « Pour ce qui est de la science d'un athée, il est aisé de montrer qu'il ne peut rien savoir avec certitude et assurance… » sans reconnaître « …qu'il a été créé par un vrai Dieu, principe de toute vérité et qui ne peut être trompeur » (*Sixièmes réponses*, n° 4). C'est ce qu'on appelle le Dieu des philosophes et des savants. \ **2.** Le latin dit *quamdiu* : aussi longtemps que…

beaucoup de choses pour vraies et certaines, lesquelles par après d'autres raisons m'ont porté à juger absolument fausses.

Mais après que j'ai reconnu qu'il y a un Dieu, parce qu'en même temps j'ai reconnu aussi que toutes choses dépendent de lui, et qu'il n'est point trompeur, et qu'en suite de cela j'ai jugé que tout ce que je conçois clairement et distinctement ne peut manquer d'être vrai : encore que je ne pense plus aux raisons pour lesquelles j'ai jugé cela être véritable, pourvu que je me ressouvienne de l'avoir clairement et distinctement compris[1], on ne me peut apporter aucune raison contraire, qui me le fasse jamais révoquer en doute ; et ainsi j'en ai une vraie et certaine science. Et cette même science s'étend aussi à toutes les autres choses que je me ressouviens d'avoir autrefois démontrées, comme aux vérités de la géométrie, et autres semblables : car qu'est-ce que l'on me peut objecter, pour m'obliger à les révoquer en doute[2] ? Me dira-t-on que ma nature est telle que je suis fort sujet à me méprendre ? Mais je sais déjà que je ne puis me tromper dans les jugements dont je connais clairement les raisons. Me dira-t-on que j'ai tenu autrefois beaucoup de choses pour vraies et certaines, lesquelles j'ai reconnues par après être fausses ? Mais je n'avais connu clairement ni distinctement aucune de ces choses-là, et, ne sachant point encore cette règle par laquelle je m'assure de la vérité, j'avais été porté à les croire par des raisons que j'ai reconnues depuis être moins fortes que je ne me les étais pour lors imaginées. Que me pourra-t-on donc objecter davantage ? Que peut-être je dors (comme je me

1. On passe ici de l'exigence d'une certitude *présentement* vécue (« aussi longtemps que j'y pense clairement et distinctement ») à la *mémoire* d'une certitude (ce que je me souviens d'avoir conçu clairement et distinctement), qui garantit à son tour, grâce à l'existence d'un Dieu non trompeur, que cette certitude, qui était jusqu'ici *instantanée*, se révèle désormais *durable*. \ **2.** Les critères de la certitude joints à la véracité divine suffisent désormais pour dissoudre les doutes méthodiques et volontaires que la *Première Méditation* avait instaurés (en particulier par l'argument du Dieu trompeur), concernant les vérités démontrées.

l'étais moi-même objecté ci-devant), ou bien que toutes les pensées que j'ai maintenant ne sont pas plus vraies que les rêveries que nous imaginons étant endormis ? Mais quand bien même je dormirais, tout ce qui se présente à mon esprit avec évidence, est absolument véritable. Et ainsi je reconnais très clairement que la certitude et la vérité de toute science dépend de la seule connaissance du vrai Dieu : en sorte qu'avant que je le connusse, je ne pouvais savoir parfaitement aucune autre chose. Et à présent que je le connais, j'ai le moyen d'acquérir une science parfaite touchant une infinité de choses, non seulement de celles qui sont en lui, mais aussi de celles qui appartiennent à la nature corporelle, en tant qu'elle peut servir d'objet aux démonstrations des géomètres, lesquels n'ont point d'égard à son existence[1].

1. La *Cinquième Méditation* a donc établi tout ce qui est nécessaire à la science pour penser rigoureusement l'essence de la nature corporelle, la question de son existence n'étant pour l'instant toujours pas complètement réglée.

MÉDITATION SIXIÈME

De l'existence des choses matérielles, et de la réelle distinction entre l'âme et le corps de l'homme

Il ne me reste plus maintenant qu'à examiner s'il y a des choses matérielles : et certes au moins sais-je déjà qu'il y en peut avoir, en tant qu'on les considère comme l'objet des démonstrations de géométrie, vu que de cette façon je les conçois fort clairement et fort distinctement[1]. Car il n'y a point de doute que Dieu n'ait la puissance de produire toutes les choses que je suis capable de concevoir avec distinction ; et je n'ai jamais jugé qu'il lui fût impossible de faire quelque chose, qu'alors que je trouvais de la contradiction à la pouvoir bien concevoir[2]. De plus, la faculté d'imaginer qui est en moi, et de laquelle je vois par expérience que je me sers lorsque je m'applique à la considération des choses matérielles, est capable de me persuader[3] leur existence : car quand je considère attentivement ce que c'est que l'imagination, je trouve qu'elle n'est autre chose qu'une certaine application de la faculté[4] qui connaît, au corps qui lui est intimement présent, et partant qui existe.

Et pour rendre cela très manifeste, je remarque premièrement la différence qui est entre l'imagination et la pure intel-

1. C'est-à-dire que même si elles n'existaient pas *matériellement*, on sait déjà qu'elles existent d'une certaine façon, puisqu'on les conçoit clairement et distinctement comme des essences et que, comme le disait la *Cinquième Méditation* : « il est très évident que tout ce qui est vrai est quelque chose ». \ **2.** C'est la conséquence de la « véracité divine » établie dans la Méditation précédente. Réciproquement, dit ici Descartes, je juge que ce qui m'apparaît comme contradictoire n'a pas pu être fait par Dieu. \ **3.** La *persuasion*, comme ce sera souligné plus loin, n'établit cependant pas une certitude. \ **4.** L'imagination donne forme corporelle aux pensées. Elle est donc la faculté d'application des productions de l'entendement au corps. Par suite, elle tend à nous persuader de leur existence.

lection ou conception. Par exemple, lorsque j'imagine un triangle, je ne le conçois pas seulement comme une figure composée et comprise de trois lignes, mais outre cela je considère ces trois lignes comme présentes par la force et l'application intérieure de mon esprit ; et c'est proprement ce que j'appelle imaginer[1]. Que si je veux penser à un chiliogone, je conçois bien à la vérité que c'est une figure composée de mille côtés, aussi facilement que je conçois qu'un triangle est une figure composée de trois côtés seulement ; mais je ne puis pas imaginer les mille côtés d'un chiliogone, comme je fais les trois d'un triangle, ni, pour ainsi dire, les regarder comme présents avec les yeux de mon esprit. Et quoique, suivant la coutume[2] que j'ai de me servir toujours de mon imagination, lorsque je pense aux choses corporelles, il arrive qu'en concevant un chiliogone je me représente confusément quelque figure, toutefois il est très évident que cette figure n'est point un chiliogone, puisqu'elle ne diffère nullement de celle que je me représenterais, si je pensais à un myriogone[3], ou à quelque autre figure de beaucoup de côtés ; et qu'elle ne sert en aucune façon à découvrir les propriétés qui font la différence du chiliogone d'avec les autres polygones.

Que s'il est question de considérer un pentagone, il est bien vrai que je puis concevoir sa figure, aussi bien que celle d'un chiliogone, sans le secours de l'imagination ; mais je la puis aussi imaginer en appliquant l'attention de mon esprit à chacun de ses cinq côtés, et tout ensemble à l'aire, ou à l'espace qu'ils renferment. Ainsi je connais clairement que j'ai besoin d'une particulière contention d'esprit[4] pour imaginer,

1. Il y a donc deux façons de se rapporter au triangle. Par l'entendement : c'est le concept de triangle. Par l'imagination qui lui donne une forme corporelle : c'est la figure, ou image, qui, mathématiquement parlant, est toujours fausse (par exemple, la ligne mathématique n'a pas d'épaisseur, contrairement son image). \ **2.** l'habitude. \ **3.** Figure de dix mille côtés. \ **4.** Une tension, une mobilisation particulière de l'esprit.

de laquelle je ne me sers point pour concevoir ; et cette particulière contention d'esprit montre évidemment la différence qui est entre l'imagination et l'intellection ou conception pure[1].

Je remarque outre cela que cette vertu d'imaginer qui est en moi, en tant qu'elle diffère de la puissance de concevoir, n'est en aucune sorte nécessaire à ma nature ou à mon essence, c'est-à-dire à l'essence de mon esprit ; car, encore que je ne l'eusse point, il est sans doute que je demeurerais toujours le même que je suis maintenant[2] : d'où il semble que l'on puisse conclure qu'elle dépend de quelque chose qui diffère de mon esprit. Et je conçois facilement que, si quelque corps existe, auquel mon esprit soit conjoint et uni de telle sorte, qu'il se puisse appliquer à le considérer quand il lui plaît, il se peut faire que par ce moyen il imagine les choses corporelles : en sorte que cette façon de penser diffère seulement de la pure intellection, en ce que l'esprit en concevant se tourne en quelque façon vers soi-même, et considère quelqu'une des idées qu'il a en soi ; mais en imaginant il se tourne vers le corps, et y considère quelque chose de conforme à l'idée qu'il a formée de soi-même[3] ou qu'il a reçue par les sens. Je conçois, dis-je, aisément que l'imagination se peut faire de cette sorte, s'il est vrai qu'il y ait des corps ; et parce que je ne puis rencontrer aucune autre voie pour expliquer comment elle se fait, je conjecture[4] de là probablement qu'il y en a : mais ce n'est

1. Ce passage, montrant qu'on peut concevoir le chiliogone sans être capable de l'imaginer, souligne la différence de nature entre l'entendement (qui conçoit) et l'imagination (qui donne forme sensible aux idées) et incite à réfléchir sur la nature des objets mathématiques : dans la mesure où le chiliogone est clairement conçu, mais ni imaginable, ni, encore moins, perceptible, son essence est un pur objet d'entendement. L'imagination, quant à elle, engage une relation au corps. Inutile pour concevoir l'essence des corps, et sachant qu'il est peu probable que Dieu m'ait attribué une faculté inutile, le fait que j'en sois doté justifie la croyance en l'existence des corps. \ **2.** L'*être pensant* qui a été révélé par le *cogito* et qui, pour le moment, reste le seul moi connu. \ **3.** par soi-même. \ **4.** je suppose.

que probablement, et quoique j'examine soigneusement toutes choses, je ne trouve pas néanmoins que de cette idée distincte de la nature corporelle, que j'ai en mon imagination, je puisse tirer aucun argument qui conclue avec nécessité l'existence de quelque corps[1].

Or j'ai accoutumé d'imaginer beaucoup d'autres choses, outre cette nature corporelle qui est l'objet de la géométrie[2], à savoir les couleurs, les sons, les saveurs, la douleur, et autres choses semblables, quoique moins distinctement. Et d'autant que j'aperçois beaucoup mieux ces choses-là par les sens, par l'entremise desquels, et de la mémoire, elles semblent être parvenues jusqu'à mon imagination, je crois que, pour les examiner plus commodément, il est à propos que j'examine en même temps ce que c'est que sentir, et que je voie si des idées que je reçois en mon esprit par cette façon de penser, que j'appelle sentir, je puis tirer quelque preuve certaine de l'existence des choses corporelles[3].

Et premièrement je rappellerai dans ma mémoire quelles sont les choses que j'ai ci-devant[4] tenues pour vraies, comme les ayant reçues par les sens, et sur quels fondements ma créance était appuyée. Et après, j'examinerai les raisons qui m'ont obligé depuis à les révoquer en doute. Et enfin je considérerai ce que j'en dois maintenant croire.

Premièrement donc j'ai senti que j'avais une tête, des mains, des pieds, et tous les autres membres dont est composé

1. Sur le sens de ce passage, *cf.* Thèmes et problématiques, pp. 186-187. \ **2.** Le texte latin dit : outre cette nature corporelle qui est l'objet de la mathématique pure. L'imagination produit donc, outre une image corporelle des idées purement mathématiques (étendue, figure, mouvement), une image des qualités moins claires (couleurs, sons, saveurs...) qui ont été exclues de l'essence des corps. \ **3.** Dans la *Deuxième Méditation*, les qualités sensibles apparaissaient « comme » par l'entremise des sens. Le temps est à présent venu d'examiner cette modalité de la pensée qu'on appelle « sentir » afin de savoir si l'on perçoit des corps vraiment extérieurs. Cet examen commencera par rappeler les raisons qui, antérieurement au doute, pouvaient inviter à se fier aux sens. \ **4.** auparavant, avant la décision du doute.

ce corps que je considérais comme une partie de moi-même, ou peut-être aussi comme le tout. De plus j'ai senti que ce corps était placé entre beaucoup d'autres, desquels il était capable de recevoir diverses commodités et incommodités, et je remarquais ces commodités par un certain sentiment de plaisir ou de volupté, et ces incommodités par un sentiment de douleur[1]. Et outre ce plaisir et cette douleur, je ressentais aussi en moi la faim, la soif, et d'autres semblables appétits[2], comme aussi de certaines inclinations corporelles vers la joie, la tristesse, la colère, et autres semblables passions[3]. Et au-dehors, outre l'extension, les figures, les mouvements des corps, je remarquais en eux de la dureté, de la chaleur, et toutes les autres qualités qui tombent sous l'attouchement. De plus j'y remarquais de la lumière, des couleurs, des odeurs, des saveurs et des sons, dont la variété me donnait moyen de distinguer le ciel, la terre, la mer, et généralement tous les autres corps les uns d'avec les autres.

Et certes, considérant les idées de toutes ces qualités qui se présentaient à ma pensée, et lesquelles seules je sentais proprement et immédiatement[4], ce n'était pas sans raison[5] que je croyais sentir des choses entièrement différentes de ma pensée, à savoir des corps d'où procédaient ces idées. Car j'expérimentais qu'elles se présentaient à elle, sans que mon consentement y fût requis, en sorte que je ne pouvais sentir aucun objet, quelque volonté que j'en eusse, s'il ne se

1. Plaisir et douleur sont donc les signes apparents de la bonne ou mauvaise condition du corps. \ **2.** Les *appétits*, au sens large, désignent ce que le corps éprouve comme un besoin. \ **3.** *Les passions*, étudiées en détail dans *Les Passions de l'âme* (1649), sont des modalités de la relation entre l'âme et le corps. \ **4.** Ce que mon esprit perçoit immédiatement (sans aucune distance le séparant de son objet), ce sont les idées sensibles. Il s'agit désormais d'examiner si ces idées le mettent en relation médiate (par l'intermédiaire d'organes des sens) avec des corps extérieurs. \ **5.** Le mot *raison*, ici comme plus loin, ne veut pas dire que j'avais forcément raison de croire, mais que j'avais *des* raisons : des *causes* de croyance, ici rappelées, qui seront jugées pour voir si j'avais raison.

trouvait présent à l'organe d'un de mes sens ; et il n'était nullement en mon pouvoir de ne le pas sentir, lorsqu'il s'y trouvait présent[1].

Et parce que les idées que je recevais par les sens étaient beaucoup plus vives, plus expresses[2], et même à leur façon plus distinctes, qu'aucune de celles que je pouvais feindre de moi-même en méditant, ou bien que je trouvais imprimées en ma mémoire, il semblait qu'elles ne pouvaient procéder de mon esprit ; de façon qu'il était nécessaire qu'elles fussent causées en moi par quelques autres choses[3]. Desquelles choses n'ayant aucune connaissance, sinon celle que me donnaient ces mêmes idées, il ne me pouvait venir autre chose en l'esprit, sinon que ces choses-là étaient semblables aux idées qu'elles causaient.

Et parce que je me ressouvenais aussi que je m'étais plutôt servi des sens que de la raison, et que je reconnaissais que les idées que je formais de moi-même n'étaient pas si expresses, que celles que je recevais par les sens, et même qu'elles étaient le plus souvent composées des parties de celles-ci, je me persuadais aisément que je n'avais aucune idée dans mon esprit, qui n'eût passé auparavant par mes sens.

Ce n'était pas aussi sans quelque raison[4] que je croyais que ce corps (lequel par un certain droit particulier j'appelais mien) m'appartenait plus proprement et plus étroitement que pas un autre. Car en effet je n'en pouvais jamais être séparé comme des autres corps ; je ressentais en lui et pour lui tous mes appétits et toutes mes affections ; et enfin j'étais

1. Lorsque mon esprit perçoit, il ne peut librement décider ni de sentir, ni de ne pas sentir ce qu'il conçoit. Ce serait là l'indice que des corps extérieurs à lui causeraient sa perception. \ **2.** C'est-à-dire, qu'elles s'affirment clairement. \ **3.** Il y a donc ici trois degrés d'intensité des idées : celles que je feins (que j'invente), celles que je me rappelle, celles que je perçois comme par les sens. Les idées de la troisième sorte sont les plus vives, celles qui me font l'impression la plus forte, ce qui me donnait à penser que mon esprit n'en était pas l'inventeur. \ **4.** cause.

touché des sentiments de plaisir et de douleur en ses parties, et non pas en celles des autres corps qui en sont séparés.

Mais quand j'examinais pourquoi de ce je ne sais quel sentiment de douleur suit la tristesse en l'esprit, et du sentiment de plaisir naît la joie, ou bien pourquoi cette je ne sais quelle émotion de l'estomac, que j'appelle faim, nous fait avoir envie de manger, et la sécheresse du gosier nous fait avoir envie de boire, et ainsi du reste, je n'en pouvais rendre aucune raison, sinon que la nature me l'enseignait de la sorte ; car il n'y a certes aucune affinité ni aucun rapport (au moins que je puisse comprendre) entre cette émotion de l'estomac et le désir de manger, non plus qu'entre le sentiment de la chose qui cause de la douleur, et la pensée de tristesse que fait naître ce sentiment[1]. Et en même façon il me semblait que j'avais appris de la nature[2] toutes les autres choses que je jugeais touchant les objets de mes sens ; parce que je remarquais que les jugements que j'avais coutume de faire de ces objets, se formaient en moi avant que j'eusse le loisir de peser et considérer aucunes raisons qui me pussent obliger à les faire.

Mais par après plusieurs expériences ont peu à peu ruiné toute la créance que j'avais ajoutée aux sens. Car j'ai observé plusieurs fois que des tours, qui de loin m'avaient semblé rondes, me paraissaient de près être carrées, et que des colosses, élevés sur les plus hauts sommets de ces tours, me paraissaient de petites statues à les regarder d'en bas ; et ainsi, dans une infinité d'autres rencontres[3], j'ai trouvé de l'erreur dans les jugements fondés sur les sens extérieurs. Et non pas seulement sur les sens extérieurs, mais même sur les intérieurs :

1. L'émotion (mouvement) de l'estomac, la douleur, sont des états corporels, la faim, la tristesse, sont des états de l'âme. Pour le moment, nous ne sommes pas en état de rendre compte du lien de cause à effet entre les uns et les autres. \ **2.** *Cf.* Glossaire, p. 211, ainsi que l'analyse de la *Sixième Méditation*, pp. 189-190. \ **3.** circonstances.

car y a-t-il chose plus intime ou plus intérieure que la douleur ? Et cependant j'ai autrefois appris de quelques personnes qui avaient les bras et les jambes coupés, qu'il leur semblait encore quelquefois sentir de la douleur dans la partie qui leur avait été coupée[1] ; ce qui me donnait sujet de penser, que je ne pouvais aussi être assuré d'avoir mal à quelqu'un de mes membres, quoique je sentisse en lui de la douleur.

Et à ces raisons de douter j'en ai encore ajouté depuis peu deux autres fort générales. La première est que je n'ai jamais rien cru sentir étant éveillé, que je ne puisse aussi quelquefois croire sentir quand je dors ; et comme je ne crois pas que les choses qu'il me semble que je sens en dormant, procèdent de quelques objets hors de moi, je ne voyais pas pourquoi je devais plutôt avoir cette créance touchant celles qu'il me semble que je sens étant éveillé. Et la seconde, que, ne connaissant pas encore, ou plutôt feignant de ne pas connaître l'auteur de mon être, je ne voyais rien qui pût empêcher que je n'eusse été fait tel par la nature, que je me trompasse même dans les choses qui me paraissaient les plus véritables.

Et pour les raisons qui m'avaient ci-devant persuadé la vérité des choses sensibles, je n'avais pas beaucoup de peine à y répondre[2]. Car la nature semblant me porter à beaucoup de choses dont la raison me détournait[3], je ne croyais pas me devoir confier beaucoup aux enseignements de cette nature. Et quoique les idées que je reçois par les sens ne dépendent pas de ma volonté, je ne pensais pas que l'on dût pour cela conclure qu'elles procédaient de choses différentes de moi,

1. C'est ce qu'on appelle « l'illusion des amputés ». Ici, elle est une raison de douter même du fait que la douleur soit une information fiable sur la disposition de mon corps. Plus loin (*cf.* pp. 131-132), Descartes en donnera une explication psycho-physique (après avoir établi la nature des relations entre l'âme et le corps). \ **2.** je n'avais pas de mal à les mettre en doute. \ **3.** On l'a vu dans la *Troisième Méditation*, il se peut par exemple que je désire des choses que ma raison me dissuade de poursuivre (*cf.* pp. 58-59).

puisque peut-être il se peut rencontrer en moi quelque faculté (bien qu'elle m'ait été jusques ici inconnue), qui en soit la cause, et qui les produise.

Mais maintenant que je commence à me mieux connaître moi-même et à découvrir plus clairement l'auteur de mon origine, je ne pense pas à la vérité que je doive témérairement admettre toutes les choses que les sens semblent nous enseigner, mais je ne pense pas aussi que je les doive toutes généralement révoquer en doute.[1]

Et premièrement, parce que je sais que toutes les choses que je conçois clairement et distinctement, peuvent être produites par Dieu telles que je les conçois, il suffit que je puisse concevoir clairement et distinctement une chose sans une autre, pour être certain que l'une est distincte ou différente de l'autre, parce qu'elles peuvent être posées séparément, au moins par la toute-puissance de Dieu[2] ; et il n'importe pas par quelle puissance cette séparation se fasse, pour m'obliger à les juger différentes. Et partant[3], de cela même que je connais avec certitude que j'existe, et que cependant je ne remarque point qu'il appartienne nécessairement aucune autre chose à ma nature ou à mon essence, sinon que je suis une chose qui pense, je conclus fort bien que mon essence consiste en cela seul, que je suis une chose qui pense, ou une substance dont toute l'essence ou la nature n'est que de penser. Et quoique peut-être (ou plutôt certainement, comme je le dirai tantôt) j'aie un corps auquel je suis très étroitement conjoint ; néanmoins, parce que d'un côté j'ai une claire et

1. À partir d'ici, la Méditation va s'efforcer, en prenant appui sur les cinq Méditations qui l'ont précédée, d'établir ce qui peut être certain à propos des sens, de mon corps et des corps extérieurs. \ **2.** En application du principe de la véracité divine : de même que si je conçois clairement et distinctement une idée, elle est vraie, de même si je peux clairement et distinctement concevoir deux choses l'une sans l'autre (comme j'ai pu, dans la *Deuxième Méditation*, concevoir mon âme sans faire appel à rien de corporel), alors elles sont réellement distinctes. \ **3.** En conséquence.

distincte idée de moi-même, en tant que je suis seulement une chose qui pense et non étendue, et que d'un autre j'ai une idée distincte du corps, en tant qu'il est seulement une chose étendue et qui ne pense point, il est certain que ce moi, c'est-à-dire mon âme, par laquelle je suis ce que je suis, est entièrement et véritablement distincte de mon corps, et qu'elle peut être ou exister sans lui.

Davantage, je trouve en moi des facultés de penser toutes particulières, et distinctes de moi, à savoir les facultés d'imaginer et de sentir, sans lesquelles je puis bien me concevoir clairement et distinctement tout entier, mais non pas elles sans moi, c'est-à-dire sans une substance intelligente à qui elles soient attachées[1]. Car dans la notion que nous avons de ces facultés, ou (pour me servir des termes de l'École) dans leur concept formel[2], elles enferment quelque sorte d'intellection : d'où je conçois qu'elles sont distinctes de moi, comme les figures, les mouvements, et les autres modes ou accidents des corps, le sont des corps mêmes qui les soutiennent.

Je reconnais aussi en moi quelques autres facultés comme celles de changer de lieu, de se mettre en plusieurs postures, et autres semblables, qui ne peuvent être conçues, non plus que les précédentes, sans quelque substance à qui elles soient attachées, ni par conséquent exister sans elles[3] ; mais il est

1. Non seulement je peux concevoir mon âme sans faire appel à rien de corporel, mais les facultés (sensibilité et imagination) renvoyant aux corps ne sont pas possibles sans que je sois un être pensant. C'est la preuve que mon essence réside dans mon âme.
2. Le « concept formel » de la sensibilité et de l'imagination est celui qui rend compte de leur mode d'existence. S'il le fait en les considérant comme des façons de penser, elles ne sont pas l'essence de la pensée. De même que figures, mouvements… sont des modes d'existence du corps sans que le corps s'y réduise, de même sensibilité et imagination sont des modes de moi-même, sujet pensant, sans que je leur sois réductible.
3. La faculté de se mouvoir n'est pas pensable sans l'espace qui est un attribut corporel ; mais elle est très clairement pensable sans aucune intelligence. D'où la nécessité de la rattacher à une substance autre que la substance pensante : la substance corporelle.

très évident que ces facultés, s'il est vrai qu'elles existent, doivent être attachées à quelque substance corporelle ou étendue, et non pas à une substance intelligente, puisque, dans leur concept clair et distinct, il y a bien quelque sorte d'extension qui se trouve contenue, mais point du tout d'intelligence. De plus, il se rencontre en moi une certaine faculté passive de sentir, c'est-à-dire de recevoir et de connaître les idées des choses sensibles ; mais elle me serait inutile, et je ne m'en pourrais aucunement servir, s'il n'y avait en moi, ou en autrui, une autre faculté active, capable de former et produire ces idées[1]. Or cette faculté active ne peut être en moi en tant que je ne suis qu'une chose qui pense, vu qu'elle ne présuppose point ma pensée, et aussi que ces idées-là me sont souvent représentées sans que j'y contribue en aucune sorte, et même souvent contre mon gré ; il faut donc nécessairement qu'elle soit en quelque substance différente de moi, dans laquelle toute la réalité, qui est objectivement dans les idées qui en sont produites, soit contenue formellement ou éminemment (comme je l'ai remarqué ci-devant). Et cette substance est ou un corps, c'est-à-dire une nature corporelle, dans laquelle est contenu formellement et en effet tout ce qui est objectivement et par représentation dans les idées[2] ; ou bien c'est Dieu même, ou quelque autre créature plus noble que le corps, dans laquelle cela même est contenu éminemment.

1. *En autrui (in alio)* ne désigne pas ici forcément une autre personne, mais quelque chose d'autre que moi. Nouvel argument en faveur de l'existence des corps ; la sensibilité reçoit passivement des idées sensibles. Elle serait inutile si n'existait pas en moi ou hors de moi une source active de ces idées sensibles. Or cette source, distincte de la pensée, n'est pas en moi. \ **2.** La réalité « qui est objectivement » dans les idées sensibles est ce qui est *représenté* par ces idées à l'esprit. Cette réalité extérieure, *formellement* (en termes, cette fois, de réalité *effective*), ce sont les corps. La cause de ces représentations aurait pu être une cause éminente (supérieure) sans que les corps existent, mais cela entraînerait que Dieu me condamne à l'erreur.

Or, Dieu n'étant point trompeur, il est très manifeste qu'il ne m'envoie point ces idées immédiatement par lui-même, ni aussi par l'entremise de quelque créature, dans laquelle leur réalité ne soit pas contenue formellement, mais seulement éminemment. Car ne m'ayant donné aucune faculté pour connaître que cela soit, mais au contraire une très grande inclination à croire qu'elles me sont envoyées ou qu'elles partent des choses corporelles, je ne vois pas comment on pourrait l'excuser de tromperie, si en effet ces idées partaient ou étaient produites par d'autres causes que par des choses corporelles. Et partant il faut confesser qu'il y a des choses corporelles qui existent[1].

Toutefois elles ne sont peut-être pas entièrement telles que nous les apercevons par les sens, car cette perception des sens est fort obscure et confuse en plusieurs choses ; mais au moins faut-il avouer que toutes les choses que j'y conçois clairement et distinctement, c'est-à-dire toutes les choses, généralement parlant, qui sont comprises dans l'objet de la géométrie spéculative, s'y retrouvent véritablement[2]. Mais pour ce qui est des autres choses, lesquelles ou sont seulement particulières, par exemple, que le soleil soit de telle grandeur et de telle figure, etc., ou bien sont conçues moins clairement et moins distinctement, comme la lumière, le son, la douleur, et autres semblables, il est certain qu'encore qu'elles soient fort douteuses et incertaines, toutefois de cela seul que Dieu n'est point trompeur, et que par conséquent il n'a point permis qu'il pût y avoir aucune fausseté dans mes opinions, qu'il ne m'ait aussi donné quelque faculté capable de la corriger, je

1. L'existence des corps a donc été démontrée à partir de l'examen de la perception sensible. Cela n'entraîne pas que ces corps, dont l'existence est à présent certaine, existent *comme* je les perçois. \ **2.** Seul ce qui est perçu clairement et distinctement (la géométrie spéculative : la *mathesis pure* dit le texte latin) des corps permet de les penser rigoureusement. Le reste, sentiment confus, atteste de l'*existence* de corps, mais ne me dit rien de leur *essence*.

crois pouvoir conclure assurément que j'ai en moi les moyens de les connaître avec certitude[1].

Et premièrement il n'y a point de doute que tout ce que la nature m'enseigne contient quelque vérité. Car par la nature, considérée en général, je n'entends maintenant autre chose que Dieu même, ou bien l'ordre et la disposition que Dieu a établie dans les choses créées. Et par ma nature en particulier, je n'entends autre chose que la complexion ou l'assemblage de toutes les choses que Dieu m'a données[2].

Or il n'y a rien que cette nature m'enseigne plus expressément, ni plus sensiblement, sinon que j'ai un corps qui est mal disposé quand je sens de la douleur, qui a besoin de manger ou de boire, quand j'ai les sentiments de la faim ou de la soif, etc. Et partant je ne dois aucunement douter qu'il n'y ait en cela quelque vérité.

La nature m'enseigne aussi par ces sentiments de douleur, de faim, de soif, etc., que je ne suis pas seulement logé dans mon corps, ainsi qu'un pilote en son navire, mais, outre cela, que je lui suis conjoint très étroitement et tellement confondu et mêlé, que je compose comme un seul tout avec lui. Car, si cela n'était, lorsque mon corps est blessé, je ne sentirais pas pour cela de la douleur, moi qui ne suis qu'une chose qui pense, mais j'apercevrais cette blessure par le seul entendement, comme un pilote aperçoit par la vue si quelque chose se rompt dans son vaisseau ; et lorsque mon corps a besoin de boire ou de manger, je connaîtrais simplement cela même, sans en être averti par des sentiments confus de faim et de

1. La taille attribuée au soleil à partir de ma perception, la douleur, etc., peuvent m'illusionner sur la nature des choses senties. Mais, Dieu n'étant pas trompeur, je dispose forcément de la faculté de déjouer ces illusions sensibles en les corrigeant par une connaissance claire et distincte. Par exemple, la science astronomique corrige la taille illusoire du soleil. Mais si ces choses n'existaient pas, alors je serais condamné à l'erreur. \ **2.** *Cf.* Glossaire : Nature, p. 211.

soif. Car en effet tous ces sentiments de faim, de soif, de douleur, etc., ne sont autre chose que de certaines façons confuses de penser, qui proviennent et dépendent de l'union et comme du mélange de l'esprit avec le corps[1].

Outre cela, la nature m'enseigne que plusieurs autres corps existent autour du mien, entre lesquels je dois poursuivre les uns et fuir les autres. Et certes, de ce que je sens différentes sortes de couleurs, d'odeurs, de saveurs, de sons, de chaleur, de dureté, etc., je conclus fort bien qu'il y a dans les corps, d'où procèdent toutes ces diverses perceptions des sens, quelques variétés qui leur répondent, quoique peut-être ces variétés ne leur soient point en effet[2] semblables. Et aussi, de ce qu'entre ces diverses perceptions des sens, les unes me sont agréables, et les autres désagréables, je puis tirer une conséquence tout à fait certaine, que mon corps (ou plutôt moi-même tout entier, en tant que je suis composé du corps et de l'âme[3]) peut recevoir diverses commodités ou incommodités des autres corps qui l'environnent[4].

Mais il y a plusieurs autres choses qu'il semble que la nature m'ait enseignées, lesquelles toutefois je n'ai pas véritablement reçues d'elle, mais qui se sont introduites en mon esprit par une certaine coutume que j'ai de juger inconsidérément des choses ; et ainsi il peut aisément arriver qu'elles contiennent quelque fausseté. Comme, par exemple, l'opinion que j'ai que tout espace dans lequel il n'y a rien qui meuve et fasse

1. L'âme n'est pas dans le corps comme un pilote dans un navire : l'âme, parce qu'elle est indivisible, est tout entière présente dans chaque partie du corps, contrairement au capitaine qui surveille le mât et les voiles de sa cabine centrale. Ainsi, la douleur ou la faim sont bien *perçues* par l'âme dans le corps, et pas seulement *conçues* à distance. Les affections du corps se traduisent donc en affections (modes de la pensée) de l'âme. « Ma nature » relève donc d'une union, d'une espèce de mélange, entre ces deux choses pourtant substantiellement distinctes que sont l'âme et le corps. \ **2.** en réalité. \ **3.** « Moi-même » désignait jusqu'ici l'âme. Notons comment « moi-même tout entier » désigne désormais l'union de l'âme et du corps. \ **4.** *Cf.* Glossaire : Sensible/Sentiments, p. 214 et Thèmes et problématiques, pp. 189-190.

impression sur mes sens, soit vide[1] ; que dans un corps qui est chaud, il y ait quelque chose de semblable à l'idée de la chaleur qui est en moi ; que dans un corps blanc ou noir, il y ait la même blancheur ou noirceur que je sens ; que dans un corps amer ou doux, il y ait le même goût ou la même saveur, et ainsi des autres ; que les astres, les tours et tous les autres corps éloignés soient de la même figure et grandeur qu'ils paraissent de loin à nos yeux, etc.

Mais afin qu'il n'y ait rien en ceci que je ne conçoive distinctement, je dois précisément définir ce que j'entends proprement lorsque je dis que la nature m'enseigne quelque chose. Car je prends ici la nature en une signification plus resserrée, que lorsque je l'appelle un assemblage ou une complexion de toutes les choses que Dieu m'a données ; vu que cet assemblage ou complexion comprend beaucoup de choses qui n'appartiennent qu'à l'esprit seul, desquelles je n'entends point ici parler, en parlant de la nature : comme, par exemple, la notion que j'ai de cette vérité, que ce qui a une fois été fait ne peut plus n'avoir point été fait, et une infinité d'autres semblables, que je connais par la lumière naturelle, sans l'aide du corps, et qu'il en comprend aussi plusieurs autres qui n'appartiennent qu'au corps seul, et ne sont point ici non plus contenues sous le nom de nature : comme la qualité qu'il a d'être pesant, et plusieurs autres semblables, desquelles je ne parle pas aussi, mais seulement des choses que Dieu m'a données, comme étant composé de l'esprit et du corps. Or cette nature m'apprend bien à fuir les choses qui causent en moi le sentiment de la douleur, et à me porter vers celles qui me communiquent quelque sentiment de plaisir ; mais je ne

1. Descartes a toujours nié l'existence du vide. Ce n'est pas parce qu'on ne perçoit rien qu'il n'y a rien. Le vide lui apparaît de plus comme une idée obscure (dire : « il y a… du vide » est une proposition contradictoire). Ce refus se retrouve dans sa physique (*cf. Principes de la philosophie*, II, articles 16 à 19).

vois point qu'outre cela elle m'apprenne que de ces diverses perceptions des sens nous devions jamais rien conclure touchant les choses qui sont hors de nous, sans que l'esprit les ait soigneusement et mûrement examinées. Car c'est, ce me semble, à l'esprit seul, et non point au composé de l'esprit et du corps, qu'il appartient de connaître la vérité de ces choses-là[1].

Ainsi, quoiqu'une étoile ne fasse pas plus d'impression en mon œil que le feu d'un petit flambeau, il n'y a toutefois en moi aucune faculté réelle ou naturelle, qui me porte à croire qu'elle n'est pas plus grande que ce feu, mais je l'ai jugé ainsi dès mes premières années sans aucun raisonnable fondement. Et quoiqu'en approchant du feu je sente de la chaleur, et même que m'en approchant un peu trop près je ressente de la douleur, il n'y a toutefois aucune raison qui me puisse persuader qu'il y a dans le feu quelque chose de semblable à cette chaleur, non plus qu'à cette douleur ; mais seulement j'ai raison de croire qu'il y a quelque chose en lui, quelle qu'elle puisse être, qui excite en moi ces sentiments de chaleur ou de douleur.

De même aussi, quoiqu'il y ait des espaces dans lesquels je ne trouve rien qui excite et meuve mes sens, je ne dois pas conclure pour cela que ces espaces ne contiennent en eux aucun corps ; mais je vois que, tant en ceci qu'en plusieurs autres choses semblables, j'ai accoutumé de pervertir et

1. « Ma nature » est donc une désignation renvoyant à trois choses : la nature de mon esprit (par exemple, les évidences qu'il perçoit) ; la nature du corps (par exemple, sa qualité d'être pesant) ; le système de relations entre l'esprit et le corps, révélé par les sentiments. Ici, le sens étroit dont il est question quand je dis que « ma nature m'enseigne quelque chose », est le troisième sens. Il ne doit nullement être confondu avec celui que prend l'expression lorsque je parle non plus du sentiment, mais de la connaissance des choses qui, elle, relève exclusivement de ma nature pensante. Les erreurs et illusions ici condamnées se produisent donc lorsque je confonds cet enseignement du sentiment (qui a une fonction essentiellement vitale) avec une véritable connaissance de l'essence des choses senties.

confondre l'ordre de la nature, parce que ces sentiments ou perceptions des sens n'ayant été mises en moi que pour signifier à mon esprit quelles choses sont convenables ou nuisibles au composé dont il est partie, et jusque-là étant assez claires et assez distinctes, je m'en sers néanmoins comme si elles étaient des règles très certaines, par lesquelles je pusse connaître immédiatement l'essence et la nature des corps qui sont hors de moi, de laquelle toutefois elles ne me peuvent rien enseigner que de fort obscur et confus.

Mais j'ai déjà ci-devant assez examiné comment, nonobstant la souveraine bonté de Dieu, il arrive qu'il y ait de la fausseté dans les jugements que je fais en cette sorte[1]. Il se présente seulement encore ici une difficulté touchant les choses que la nature m'enseigne devoir être suivies ou évitées, et aussi touchant les sentiments intérieurs qu'elle a mis en moi ; car il me semble y avoir quelquefois remarqué de l'erreur, et ainsi que je suis directement trompé par ma nature. Comme, par exemple, le goût agréable de quelque viande, en laquelle on aura mêlé du poison, peut m'inviter à prendre ce poison, et ainsi me tromper. Il est vrai toutefois qu'en ceci la nature peut être excusée, car elle me porte seulement à désirer la viande dans laquelle je rencontre une saveur agréable, et non point à désirer le poison, lequel lui est inconnu ; de façon que je ne puis conclure de ceci autre chose, sinon que ma nature ne connaît pas entièrement et universellement toutes choses : de quoi certes il n'y a pas lieu de s'étonner, puisque l'homme, étant d'une nature finie, ne peut aussi avoir qu'une connaissance d'une perfection limitée[2].

1. Descartes renvoie ici à l'analyse de l'erreur et des moyens de l'éviter qui a été proposée dans la *Quatrième Méditation*. \ **2.** On examine ici des objections possibles, car notre nature nous trompe parfois sans remède. Le premier cas est facile : le plaisir éprouvé en mangeant de la viande empoisonnée ne vient pas du poison, mais de la viande. On peut en déduire que le sentiment ne révèle pas tout, non qu'il induit positivement en erreur.

Mais nous nous trompons aussi assez souvent, même dans les choses auxquelles nous sommes directement portés par la nature, comme il arrive aux malades, lorsqu'ils désirent de boire ou de manger des choses qui leur peuvent nuire. On dira peut-être ici que ce qui est cause qu'ils se trompent, est que leur nature est corrompue ; mais cela n'ôte pas la difficulté, parce qu'un homme malade n'est pas moins véritablement la créature de Dieu, qu'un homme qui est en pleine santé ; et partant il répugne autant à la bonté de Dieu, qu'il ait une nature trompeuse et fautive, que l'autre[1]. Et comme une horloge, composée de roues et de contrepoids, n'observe pas moins exactement toutes les lois de la nature, lorsqu'elle est mal faite, et qu'elle ne montre pas bien les heures, que lorsqu'elle satisfait entièrement au désir de l'ouvrier ; de même aussi, si je considère le corps de l'homme comme étant une machine tellement bâtie et composée d'os, de nerfs, de muscles, de veines, de sang et de peau, qu'encore bien qu'il n'y eût en lui aucun esprit, il ne laisserait pas[2] de se mouvoir en toutes les mêmes façons qu'il fait à présent, lorsqu'il ne se meut point par la direction de sa volonté, ni par conséquent par l'aide de l'esprit, mais seulement par la disposition de ses organes, je reconnais facilement qu'il serait aussi naturel à ce corps, étant, par exemple, hydropique, de souffrir la sécheresse du gosier, qui a coutume de signifier à l'esprit le senti-

1. L'hydropique éprouve une soif nuisible à son bien-être. En un sens sa nature le trompe. Mais la comparaison avec une horloge déréglée montre que, comme l'horloge continue de respecter les lois de la mécanique, l'hydropique continue de suivre l'ordre naturel : l'état physique de son gosier assoiffé est pareil à celui d'un homme en bonne santé ayant soif. Si je dis que sa nature est corrompue, cela ne signifie pas qu'il viole l'ordre de la nature, mais que cela lui nuit. Reste à expliquer pourquoi ce malheur lui arrive, sans accuser Dieu. \ **2.** Même s'il n'y avait en lui aucun esprit qui en soit responsable, il ne cesserait pas de se mouvoir... Descartes veut dire que la constitution organique du corps suffit à susciter certains mouvements et certains sentiments, par l'effet des simples lois naturelles (ici, mécaniques), sans que cela engage aucunement l'esprit. Et les lois de la nature (par exemple, celles qui produisent le sentiment de la soif) sont les mêmes pour tous, hydropiques ou non.

ment de la soif, et d'être disposé par cette sécheresse à mouvoir ses nerfs et ses autres parties, en la façon qui est requise pour boire, et ainsi d'augmenter son mal et se nuire à soi-même, qu'il lui est naturel, lorsqu'il n'a aucune indisposition, d'être porté à boire pour son utilité par une semblable sécheresse du gosier. Et quoique, regardant à l'usage auquel l'horloge a été destinée par son ouvrier, je puisse dire qu'elle se détourne de sa nature, lorsqu'elle ne marque pas bien les heures ; et qu'en même façon, considérant la machine du corps humain comme ayant été formée de Dieu pour avoir en soi tous les mouvements qui ont coutume d'y être, j'aie sujet de penser qu'elle ne suit pas l'ordre de sa nature, quand son gosier est sec, et que le boire nuit à sa conservation ; je reconnais toutefois que cette dernière façon d'expliquer la nature est beaucoup différente de l'autre. Car celle-ci n'est autre chose qu'une simple dénomination, laquelle dépend entièrement de ma pensée, qui compare un homme malade et une horloge mal faite, avec l'idée que j'ai d'un homme sain et d'une horloge bien faite, et laquelle ne signifie rien qui se retrouve en la chose dont elle se dit ; au lieu que, par l'autre façon d'expliquer la nature, j'entends quelque chose qui se rencontre véritablement dans les choses, et partant qui n'est point sans quelque vérité[1].

Mais certes, quoique, au regard du corps hydropique, ce ne soit qu'une dénomination extérieure, lorsqu'on dit que sa nature est corrompue, en ce que, sans avoir besoin de boire, il ne laisse pas d'avoir le gosier sec et aride ; toutefois, au

1. Dire sur le modèle de l'horloge qui retarde, que le corps qui suscite le sentiment de la soif (alors que boire sera nuisible) fonctionne conformément aux lois de la nature, c'est décrire les choses telles qu'elles sont. Comparer cette horloge ou ce corps à l'idée que je me fais de leur bon fonctionnement selon l'usage que j'en attends, ce n'est plus décrire les choses telles qu'elles sont, mais souhaiter qu'elles soient autrement. Reste qu'il est vrai que la soif de l'hydropique lui nuira s'il boit. C'est exclusivement cela qui constitue le vrai problème méritant explication.

regard de tout le composé, c'est-à-dire de l'esprit ou de l'âme unie à ce corps, ce n'est pas une pure dénomination, mais bien une véritable erreur de nature, en ce qu'il a soif, lorsqu'il lui est très nuisible de boire ; et partant, il reste encore à examiner comment la bonté de Dieu n'empêche pas que la nature de l'homme, prise de cette sorte, soit fautive et trompeuse.

Pour commencer donc cet examen, je remarque ici, premièrement, qu'il y a une grande différence entre l'esprit et le corps, en ce que le corps, de sa nature, est toujours divisible, et que l'esprit est entièrement indivisible. Car en effet, lorsque je considère mon esprit, c'est-à-dire moi-même en tant que je suis seulement une chose qui pense, je n'y puis distinguer aucunes parties, mais je me conçois comme une chose seule et entière. Et quoique tout l'esprit semble être uni à tout le corps, toutefois un pied, ou un bras, ou quelque autre partie étant séparée de mon corps, il est certain que pour cela il n'y aura rien de retranché de mon esprit. Et les facultés de vouloir, de sentir, de concevoir, etc., ne peuvent pas proprement être dites ses parties : car le même esprit s'emploie tout entier à vouloir, et aussi tout entier à sentir, à concevoir, etc. Mais c'est tout le contraire dans les choses corporelles ou étendues : car il n'y en a pas une que je ne mette aisément en pièces par ma pensée, que mon esprit ne divise fort facilement en plusieurs parties et par conséquent que je ne connaisse être divisible. Ce qui suffirait pour m'enseigner que l'esprit ou l'âme de l'homme est entièrement différente du corps, si je ne l'avais déjà d'ailleurs assez appris.

Je remarque aussi que l'esprit ne reçoit pas immédiatement l'impression de toutes les parties du corps, mais seulement du cerveau, ou peut-être même d'une de ses plus petites parties, à savoir de celle où s'exerce cette faculté qu'ils appellent le sens commun, laquelle, toutes les fois qu'elle est disposée de même façon, fait sentir la même chose à l'esprit, quoique cependant les autres parties du corps puissent être diversement disposées, comme le témoignent une infinité d'expériences, lesquelles il n'est pas ici besoin de rapporter[1].

Je remarque, outre cela, que la nature du corps est telle, qu'aucune de ses parties ne peut être mue par une autre partie un peu éloignée, qu'elle ne le puisse être aussi de la même sorte par chacune des parties qui sont entre deux, quoique cette partie plus éloignée n'agisse point. Comme, par exemple, dans la corde A B C D qui est toute tendue, si l'on vient à tirer et remuer la dernière partie D, la première A ne sera pas remuée d'une autre façon, qu'on la pourrait aussi faire mouvoir, si on tirait une des parties moyennes, B ou C, et que la dernière D demeurât cependant immobile[2]... Et en même façon, quand je ressens de la douleur au pied, la physique m'apprend que ce sentiment se communique par le moyen des nerfs dispersés dans le pied, qui se trouvant étendus comme des cordes depuis là jusqu'au cerveau, lorsqu'ils sont tirés dans le pied, tirent aussi en même temps l'endroit du cerveau d'où ils viennent et auquel ils aboutissent, et y excitent un certain mouvement, que la nature a institué pour faire sentir de la douleur à l'esprit, comme si cette douleur était dans le pied. Mais parce

1. L'explication des relations psycho-physiques passe ici par une allusion à la « médecine » de Descartes (qu'il faut ici comprendre comme ancêtre de la biologie). Le système nerveux, dont l'organe cervical central est la glande pinéale (organe du « sens commun »), convertit les dispositions corporelles en sentiments de l'âme suivant des lois rigoureuses. Exemple : c'est toujours le même état du gosier qui, transmis au cerveau, est converti dans l'âme en sentiment de la soif. \ **2.** Il s'agit à présent de montrer, par un schéma mécanique, que l'illusion des amputés respecte rigoureusement les lois psycho-physiques (réglant les relations de l'âme et du corps). Cette illusion vient de ce que l'âme est indivisible, tandis que le corps est divisible (ici : amputable). L'explication montre, en analysant le fonctionnement physique du système nerveux, que l'illusion tient à ce que les sensations produites par un nerf demeurent identiques si celui-ci, sectionné, demeure innervé sur son parcours. Il produit alors dans l'âme (qui, elle n'est pas amputable) des sensations forcément identiques à celles qu'il produisait avant l'amputation.

que ces nerfs doivent passer par la jambe, par la cuisse, par les reins, par le dos et par le col[1], pour s'étendre depuis le pied jusqu'au cerveau, il peut arriver qu'encore bien que leurs extrémités qui sont dans le pied ne soient point remuées, mais seulement quelques-unes de leurs parties qui passent par les reins ou par le col, cela néanmoins excite les mêmes mouvements dans le cerveau, qui pourraient y être excités[2] par une blessure reçue dans le pied, en suite de quoi il sera nécessaire que l'esprit ressente dans le pied la même douleur que s'il y avait reçu une blessure. Et il faut juger le semblable[3] de toutes les autres perceptions de nos sens.

Enfin je remarque que, puisque de tous les mouvements qui se font dans la partie du cerveau dont l'esprit reçoit immédiatement l'impression, chacun ne cause qu'un certain sentiment, on ne peut rien en cela souhaiter ni imaginer de mieux, sinon que ce mouvement fasse ressentir à l'esprit, entre tous les sentiments qu'il est capable de causer, celui qui est le plus propre et le plus ordinairement utile à la conservation du corps humain, lorsqu'il est en pleine santé. Or l'expérience nous fait connaître, que tous les sentiments que la nature nous a donnés sont tels que je viens de dire ; et partant, il ne se trouve rien en eux, qui ne fasse paraître la puissance et la bonté de Dieu qui les a produits[4].

Ainsi, par exemple, lorsque les nerfs qui sont dans le pied sont remués fortement, et plus qu'à l'ordinaire, leur mouvement, passant par la moelle de l'épine du dos jusqu'au cerveau, fait une impression à l'esprit qui lui fait sentir quelque chose,

1. le cou. \ **2.** que ceux qui pourraient être excités par… \ **3.** de façon identique. \ **4.** Notre nature, qui est le produit de Dieu, suit des lois absolument régulières, qui établissent une relation toujours identique entre tel état du corps et tel sentiment de l'âme. Pour que cette nature nous soit bénéfique, il faut que les lois s'établissent en conformité avec ce qui est souhaitable dans la plus grande généralité des cas, c'est-à-dire ce qui nous est utile lorsque le corps est en bonne santé. Il n'est donc pas question de la régler sur l'intérêt de l'hydropique ou de l'amputé.

à savoir de la douleur, comme étant dans le pied par laquelle l'esprit est averti et excité à faire son possible pour en chasser la cause, comme très dangereuse et nuisible au pied.

Il est vrai que Dieu pouvait établir la nature de l'homme de telle sorte, que ce même mouvement dans le cerveau fît sentir toute autre chose à l'esprit : par exemple, qu'il se fît sentir soi-même, ou en tant qu'il est dans le cerveau, ou en tant qu'il est dans le pied, ou bien en tant qu'il est en quelque autre endroit entre le pied et le cerveau, ou enfin quelque autre chose telle qu'elle peut être ; mais rien de tout cela n'eût si bien contribué à la conservation du corps, que ce qu'il lui fait sentir[1].

De même, lorsque nous avons besoin de boire, il naît de là une certaine sécheresse dans le gosier, qui remue ses nerfs, et par leur moyen les parties intérieures du cerveau ; et ce mouvement fait ressentir à l'esprit le sentiment de la soif, parce qu'en cette occasion-là il n'y a rien qui nous soit plus utile que de savoir que nous avons besoin de boire, pour la conservation de notre santé ; et ainsi des autres.

D'où il est entièrement manifeste que, nonobstant la souveraine bonté de Dieu, la nature de l'homme, en tant qu'il est composé de l'esprit et du corps, ne peut qu'elle ne soit quelquefois[2] fautive et trompeuse.

Car s'il y a quelque cause qui excite, non dans le pied, mais en quelqu'une des parties du nerf qui est tendu depuis le pied jusqu'au cerveau, ou même dans le cerveau, le même mouvement qui se fait ordinairement quand le pied est mal disposé, on sentira de la douleur comme si elle était dans le pied, et le sens sera naturellement trompé ; parce qu'un même mouvement dans le cerveau ne pouvant causer en l'esprit qu'un

1. Donc Dieu aurait pu établir une relation entre état du corps et sentiment qui soit différente. Mais celle qu'il a établie est la plus utile pour la vie. \ **2.** ne peut éviter d'être…

même sentiment, et ce sentiment étant beaucoup plus souvent excité par une cause qui blesse le pied, que par une autre qui soit ailleurs, il est bien plus raisonnable qu'il porte à l'esprit la douleur du pied que celle d'aucune autre partie. Et quoique la sécheresse du gosier ne vienne pas toujours, comme à l'ordinaire, de ce que le boire est nécessaire pour la santé du corps, mais quelquefois d'une cause toute contraire, comme expérimentent les hydropiques, toutefois il est beaucoup mieux qu'elle trompe en ce rencontre-là[1], que si, au contraire, elle trompait toujours lorsque le corps est bien disposé ; et ainsi des autres[2].

Et certes cette considération me sert beaucoup, non seulement pour reconnaître toutes les erreurs auxquelles ma nature est sujette, mais aussi pour les éviter, ou pour les corriger plus facilement : car sachant que tous mes sens me signifient plus ordinairement le vrai que le faux, touchant les choses qui regardent les commodités ou incommodités du corps[3], et pouvant presque toujours me servir de plusieurs d'entre eux pour examiner une même chose, et outre cela, pouvant user de ma mémoire pour lier et joindre les connaissances présentes aux passées, et de mon entendement qui a déjà découvert toutes les causes de mes erreurs, je ne dois plus craindre désormais qu'il se rencontre de la fausseté dans les choses qui me sont le plus ordinairement représentées par mes sens. Et je dois rejeter tous les doutes de ces jours passés,

1. *Un rencontre* : une association fortuite, une relation liée au hasard. \ **2.** Dieu aurait pu faire que les amputés n'éprouvent pas de douleur, mais il aurait condamné les autres hommes à ne pas éprouver de douleur quand leur corps est menacé. De même, il aurait pu empêcher la soif de l'hydropique, mais en condamnant toute l'humanité à mourir de déshydratation… \ **3.** Les sentiments sont donc des guides qui établissent une forte probabilité utile aux commodités de la vie. Et lorsqu'ils sont trompeurs, on peut les corriger les uns par les autres, ou en les confrontant aux données de la mémoire, ou encore par la voie du jugement. Cela permet à Descartes de lever, parmi les doutes qui demeurent, ceux qui se révèlent désormais extravagants, tels que celui produit par l'argument du songe.

comme hyperboliques[1] et ridicules, particulièrement cette incertitude si générale touchant le sommeil, que je ne pouvais distinguer de la veille : car à présent j'y rencontre une très notable différence, en ce que notre mémoire ne peut jamais lier et joindre nos songes les uns aux autres et avec toute la suite de notre vie, ainsi qu'elle a de coutume de joindre les choses qui nous arrivent étant éveillés. Et, en effet, si quelqu'un, lorsque je veille, m'apparaissait tout soudain et disparaissait de même, comme font les images que je vois en dormant, en sorte que je ne pusse remarquer ni d'où il viendrait, ni où il irait, ce ne serait pas sans raison que je l'estimerais un spectre ou un fantôme formé dans mon cerveau, et semblable à ceux qui s'y forment quand je dors, plutôt qu'un vrai homme. Mais lorsque j'aperçois des choses dont je connais distinctement et le lieu d'où elles viennent, et celui où elles sont, et le temps auquel elles m'apparaissent et que, sans aucune interruption, je puis lier le sentiment que j'en ai, avec la suite du reste de ma vie, je suis entièrement assuré que je les aperçois en veillant, et non point dans le sommeil. Et je ne dois en aucune façon douter de la vérité de ces choses-là, si après avoir appelé tous mes sens, ma mémoire et mon entendement pour les examiner, il ne m'est rien rapporté par aucun d'eux, qui ait de la répugnance avec ce qui m'est rapporté par les autres. Car de ce que Dieu n'est point trompeur, il suit nécessairement que je ne suis point en cela trompé.

Mais parce que la nécessité des affaires nous oblige souvent à nous déterminer, avant que nous ayons eu le loisir de les examiner si soigneusement, il faut avouer que la vie de l'homme est sujette à faillir fort souvent dans les choses particulières, et enfin il faut reconnaître l'infirmité et la faiblesse de notre nature.

1. exagérées.

DOSSIER

OUTILS COMPLÉMENTAIRES

L'ARCHITECTURE DE L'ŒUVRE

Sont mises en évidence ici les principales étapes des *Méditations métaphysiques*, selon un « ordre des raisons » dont Descartes disait que le lecteur devait le respecter pour s'approprier véritablement le cheminement métaphysique de l'œuvre.

PREMIÈRE MÉDITATION

La décision de juger par soi-même.

La méthode du doute.

Les pensées issues des sens.

L'argument du rêve.

Les pensées qui résistent encore au doute.

Hypothèse de l'existence d'un malin génie.

Inconfort du doute.

DEUXIÈME MÉDITATION

L'expérience du cogito.

Enseignements sur la nature de l'ego pensant.

Les modes de la pensée.

L'analyse du morceau de cire.

TROISIÈME MÉDITATION

Inventaire des idées claires et distinctes.

La pensée, les idées et le réel.

La cause formelle de mes idées.

Première preuve de l'existence de Dieu (par l'idée de parfait).
Deuxième preuve de l'existence de Dieu (l'auteur de mon être).
Nature de l'idée de Dieu.

QUATRIÈME MÉDITATION

D'où vient l'erreur ?
La liberté de la volonté.
Que Dieu n'est en rien responsable de nos erreurs.
Que les règles de la certitude en sortent confortées.

CINQUIÈME MÉDITATION

L'essence des choses matérielles.
Troisième preuve de l'existence de Dieu (preuve « ontologique »).
La véracité divine.

SIXIÈME MÉDITATION

L'imagination.
La crédibilité première des idées sensibles.
La substance pensante.
La substance corporelle : démonstration de l'existence des corps.
Ce que m'enseignent les sentiments.
L'union de l'âme et du corps.
Ce que les sens ne m'enseignent pas.
L'illusion des amputés, la soif des hydropiques.
Fin des doutes méthodiques et assurance de pouvoir bien juger.

L'AUTEUR
ET LE CONTEXTE

REPÈRES BIOGRAPHIQUES[1]

31 mars 1596 : Naissance de René Descartes en Touraine, à La Haye (aujourd'hui appelé Descartes). Il croira être responsable de la disparition de sa mère, en réalité morte en couches l'année suivante, à l'occasion de la naissance d'un frère, qui ne vivra pas non plus. Descartes a cependant un frère et une sœur aînés. Son père, Joachim, est conseiller au Parlement de Bretagne, charge ennoblissante.

De 1607 à 1616 : Descartes est instruit au collège de La Flèche, formation que le *Discours de la méthode* présentera à la fois comme nécessaire et de qualité, mais qui le conduira à penser que beaucoup reste à faire en sciences et en philosophie, même si les mathématiques (et elles seules) ont déjà produit des certitudes. Vu sa santé longtemps fragile, les pères du collège réservent à Descartes un traitement particulier, dont l'attribution d'une chambre privée dans laquelle il demeure le matin, prenant ainsi l'habitude de méditer dans la solitude. Il passe son baccalauréat et sa licence en droit en 1616.

1618 : Contre la volonté de son père qui le destine à des charges juridiques, il part pour la guerre en Allemagne. Sa préparation pour l'armée, aux Pays-Bas, à Breda, occasionne la rencontre décisive du mathématicien Isaac Beeckman, qui sera un temps son ami avant une brouille. Leurs échanges mettront Descartes sur la voie du traitement mathématique des problèmes physiques et, par là, de l'élaboration d'une méthode générale pour avancer avec certitude dans tous les domaines de connaissance scientifique. Il écrit un traité de musique (*Compendium musicae*) qu'il offre à Beeckman.

1619 : Après son départ vers l'Allemagne, à l'occasion de la guerre de Trente Ans, on ne sait avec certitude à quelles campagnes militaires Descartes a réellement participé. On sait qu'il assista au couronnement de l'empereur

1. *Cf.* Bibliographie, p. 223, la biographie de Geneviève Rodis-Lewis.

Ferdinand II. Durant les quartiers d'hiver de 1620, il médite dans la solitude, dans un poêle (pièce chauffée), et met la première main à sa philosophie.

De fin 1620 à 1625 : Descartes voyage. On ne connaît pas son itinéraire exact. On sait par sa correspondance ultérieure qu'il passa à Rome.

1625-1628 : Descartes séjourne à Paris où il se fait connaître. Il poursuit diverses recherches (rédaction probable des *Règles pour la direction de l'esprit*, qui ne paraîtront pas de son vivant, recherches en optique...). Il se bat en duel pour une obscure histoire de rivalité amoureuse. Il fréquente le père Mersenne, qui réunit régulièrement chez lui les grands savants de l'époque et sera, après son départ de Paris, son correspondant scientifique régulier. Le cardinal de Bérulle, qui l'a entendu chez le nonce du pape, l'encourage vivement à poursuivre ses travaux. Mais Descartes commence à devenir célèbre et en est incommodé : sa gloire l'empêche de travailler.

1629 : Descartes décide de s'exiler aux Pays-Bas, où il trouvera la sérénité nécessaire à son travail. Il y séjournera vingt ans, en dépit de quelques passages à Paris, entre autres pour régler des affaires de succession ou d'édition. On peut dire que, dès lors, la vie de Descartes s'articule essentiellement autour de son œuvre.

1629-1634 : Tout en travaillant à des ébauches de sa métaphysique, Descartes se consacre surtout à des travaux d'optique, de physique, d'astronomie, de médecine, de mathématiques (invention de la géométrie algébrique)... Il rédige tour à tour le *Monde*, le *Traité de l'homme, La Dioptrique, Les Météores*. En 1633, la condamnation de Galilée l'incite à la prudence et le dissuade de publier son *Monde*.

1635 : Naissance de sa fille Francine, qu'il a eue avec la servante d'amis hollandais. Il la fait baptiser dans la religion de sa mère (réformée) et songe à lui faire donner une éducation de qualité en France.

1637 : Descartes publie en français, en Hollande, de façon anonyme, le *Discours de la méthode*, accompagné de la *Dioptrique*, des *Météores* et de la *Géométrie*, auxquels le *Discours* sert d'introduction méthodologique. L'ouvrage conduira Descartes à entrer en relation épistolaire avec de nombreux savants de l'époque.

1637-1640 : Tout en poursuivant son œuvre scientifique, notamment en mécanique, Descartes travaille de plus en plus à sa métaphysique. Les

Meditationes de prima philosophia sont rédigées durant l'hiver 1640. Descartes envoie le texte à Mersenne, en lui demandant de le faire circuler parmi un cercle de savants fiables en vue de recueillir des objections.

En 1640, Descartes subit tour à tour la mort de sa fille et celle de son père, suivies l'année suivante de celle de sa sœur aînée. Il en a évidemment été très affecté, comme en témoigneront les lettres de condoléances qu'il écrira à ses amis Polot (qui venait de perdre son frère) en janvier 1641 et Huygens (pour les mêmes raisons) en octobre 1642 : « Je ne suis pas de ceux qui estiment que les larmes et la tristesse n'appartiennent qu'aux femmes, et que, pour paraître homme de cœur[1], on se doive contraindre à montrer toujours un visage tranquille. J'ai senti depuis peu la perte de deux personnes qui m'étaient très proches, et j'ai éprouvé que ceux qui me voulaient défendre la tristesse, l'irritaient, au lieu que j'étais soulagé par la complaisance de ceux que je voyais touchés par mon déplaisir... » (Lettre à Polot, mi-janvier 1641). Dans les deux cas, Descartes invite au courage, au travail et à l'espérance en une vie future qui naît de la considération de la nature de nos âmes (*cf.* en particulier la lettre à Huygens du 13 octobre 1642).

1641 : La première édition des *Méditations* est publiée en latin, à Paris, accompagnée, selon le désir de l'auteur, de six séries d'objections et de ses réponses.

1642 : Deuxième édition des *Méditations*, à Amsterdam, augmentée de nouvelles objections et réponses. Début d'une polémique avec Voetius, le recteur de l'université d'Utrecht, au cours de laquelle un « disciple » un peu exubérant de Descartes a été condamné. Il publiera l'année suivante une longue réponse polémique aux attaques de Voetius. Il se brouillera cependant avec Regius, qui contrefait sa pensée, quatre années plus tard.

1643 : Début de l'importante correspondance avec la princesse Élisabeth de Bohême, où se manifeste une réelle estime réciproque, voire une amitié sincère. Les deux correspondants dialogueront avec constance et sans dissimulation à propos de divers sujets de philosophie (certaines difficultés ou certains points faibles de la pensée de Descartes, mais aussi l'intérêt de la lecture du *De la vie heureuse* de Sénèque pour affronter les aléas de l'existence d'une princesse en exil...). Les questions pertinentes et embarras-

1. C'est-à-dire de courage.

santes d'Élisabeth provoqueront un approfondissement de la pensée morale de Descartes, qui travaille dès lors à un ouvrage sur les passions.

1644 : Séjour à Paris. La même année, publication à Amsterdam, en latin, des *Principes de la philosophie*, dont Descartes espérait qu'il deviendrait un manuel d'enseignement propre à imposer la nouvelle philosophie dans les collèges. Le texte est précédé d'une importante lettre-dédicace à la princesse Élisabeth qui apparaît comme une véritable profession de foi philosophique.

1647 : Publication de la traduction française des *Méditations métaphysiques* (par le duc de Luynes, mais revue et corrigée par Descartes — c'est le texte proposé dans la présente publication), accompagnée des objections et réponses, traduites par Clerselier. Nouvelle polémique autour de la philosophie de Descartes, cette fois à l'université de Leyde. Parallèlement, Descartes continue ses recherches sur les êtres vivants. Bref voyage à Paris, interrompu par la Fronde. Rencontre avec Pascal.

1648 : Descartes publie un écrit contre son ancien disciple Regius (*Notae in programmae quodam*). En avril, est rédigé le compte rendu, retrouvé et publié deux siècles et demi plus tard sous le titre d'*Entretien avec Burmann*, d'un dialogue sur l'ensemble de son œuvre.

1649 : Descartes finit par céder à la reine Christine de Suède qui, par l'intermédiaire de son ami Chanut, diplomate à Stockholm, le presse de venir lui donner des leçons de philosophie. Tenu à l'écart par des intrigues de la Cour, au sein de laquelle il obtient de ne pas résider, il dispensera ces leçons très tôt le matin, au risque de sa santé. Cette même année, il écrit un ballet pour l'anniversaire de la reine, ainsi que, probablement, le dialogue intitulé *La Recherche de la vérité par la lumière naturelle*. Publication en novembre, à Paris et Amsterdam, des *Passions de l'âme*.

11 février 1650 : Descartes meurt à Stockholm.

Descartes laisse à juste titre à la postérité l'image d'un rigoureux rationaliste. Il y aurait cependant de l'inexactitude à négliger pour autant, dès sa jeunesse, les engagements éminemment humains du philosophe qui écrivait que « le principal bien de la vie [est] d'avoir de l'amitié pour quelques-uns » (Lettre à Chanut du 6 juin 1647) et qui vécut conformément à cette affirmation tout au long de son existence, au risque de quelques désillusions douloureuses. On peut également souligner que, conformément à ce qu'il écrivait dans sa morale, Descartes fit régulièrement preuve de charité ainsi que de générosité au sens où il entend ce mot : d'abord, en estimant les hommes à leur valeur propre plus qu'à leur condition ou à leur « fortune » ; ensuite, en excusant leurs fautes à partir de l'expérience qu'il faisait sur lui-même que, selon les circonstances et malgré une détermination réelle à bien user de sa volonté, chacun est toujours exposé à faillir. Ainsi, parmi bien d'autres exemples possibles, lorsque se présente chez lui, à Egmont (Pays-Bas), un ancien cordonnier repoussant, rejeté de tous et réduit à la mendicité, mais qui se révèle capable de parler avec lui de philosophie et de science, non seulement Descartes en fait peu à peu son ami, mais il en fait un astronome. Preuve, choisie parmi bien d'autres possibles, que la philosophie ne se réduisait pas pour lui à un simple jeu d'écriture.

1590 — 1595 — 1600 — 1605 — 1610 — 1615 — 1620

Œuvres de Descartes*

1618 (*Abrégé de musique*)

Dates politiques et événements

1610 Assassinat de Henri IV

1618 Début de la guerre de Trente Ans

1622 Richelieu cardinal

Sciences et techniques

1600 Mort de Giordano Bruno

1610 Galilée perfectionne le télescope

1571 Naissance de Képler

1620 Bacon *Novum organon*

Art et littérature

1603 Shakespeare *Hamlet*

1613 Le Greco *Assomption de la Vierge*

1605 Cervantès *Don Quichotte*

1621 Naissance de La Fontaine

Philosophie

1588 Hobbes

1592 Mort de Montaigne

1592 Gassendi

1596 Descartes

*Les œuvres entre parenthèses n'ont pas été publiées du vivant de l'auteur.

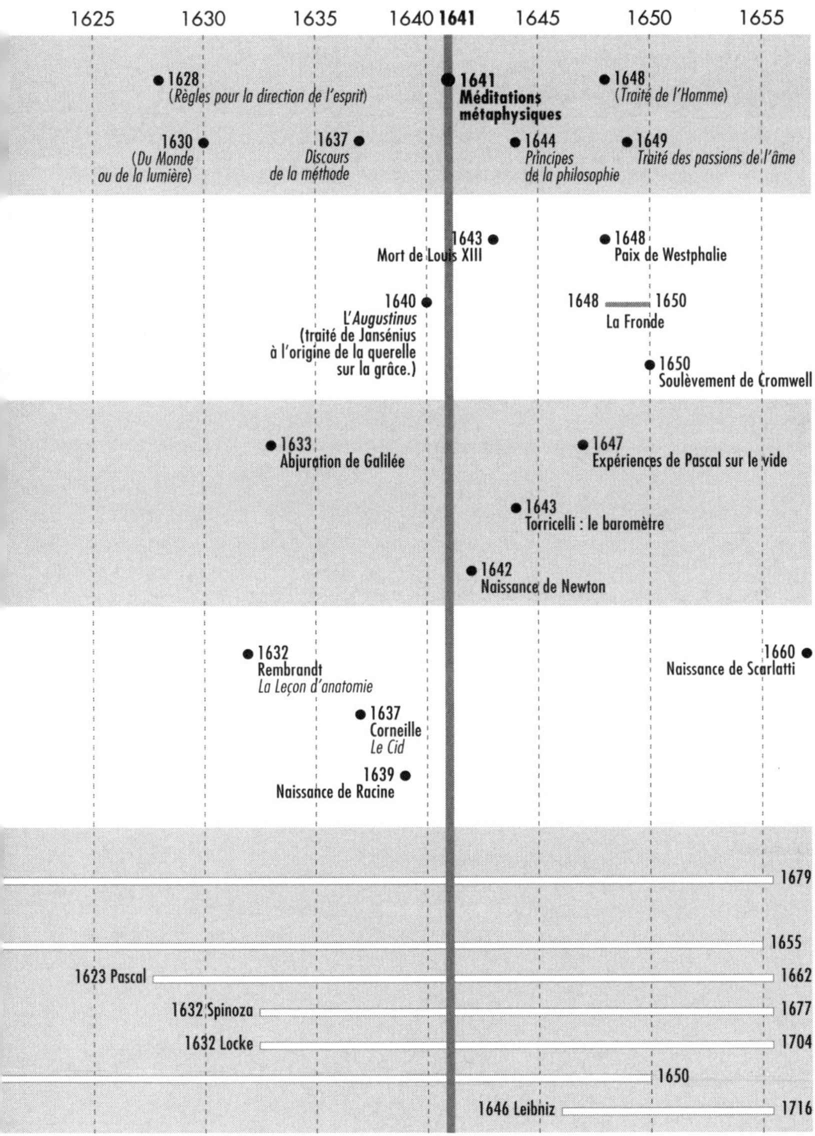
1625
1630
1635
1640
1641
1645
1650
1655
1628 (*Règles pour la direction de l'esprit*)
1630 (*Du Monde ou de la lumière*)
1637 *Discours de la méthode*
1641 Méditations métaphysiques
1644 *Principes de la philosophie*
1648 (*Traité de l'Homme*)
1649 *Traité des passions de l'âme*
1643 Mort de Louis XIII
1648 Paix de Westphalie
1640 L'*Augustinus* (traité de Jansénius à l'origine de la querelle sur la grâce.)
1648 1650 La Fronde
1650 Soulèvement de Cromwell
1633 Abjuration de Galilée
1647 Expériences de Pascal sur le vide
1643 Torricelli : le baromètre
1642 Naissance de Newton
1632 Rembrandt *La Leçon d'anatomie*
1637 Corneille *Le Cid*
1639 Naissance de Racine
1660 Naissance de Scarlatti
1679
1655
1623 Pascal 1662
1632 Spinoza 1677
1632 Locke 1704
1650
1646 Leibniz 1716

THÈMES ET PROBLÉMATIQUES

INTRODUCTION

La métaphysique, au sens le plus large, désigne l'entreprise qui s'efforce, par les voies de la raison, de connaître les premiers principes de toutes choses, de là son nom de « philosophie première ». Chez Descartes, comme on le verra, l'entreprise métaphysique se confond avec la volonté de donner un fondement absolu à tout le reste de la philosophie, ce qui, à l'époque où il écrit, se confond avec le système de toutes les sciences possibles. Selon une image proposée par la lettre-préface à ses *Principes de la philosophie*, Descartes compare cet ensemble des sciences à un arbre dont les racines sont précisément la métaphysique.

Les *Méditations métaphysiques* sont elles-mêmes précédées d'une lettre de Descartes aux théologiens de la Sorbonne, dans laquelle il leur présente la nature de son projet en mettant en valeur son intérêt pour la religion, dans l'espoir que le livre sera publié avec leur soutien officiel — ce qui n'aura pas lieu. En vérité, comme on le verra, les raisonnements cartésiens n'entretiennent qu'une relation très indirecte avec des questions de religion.

Descartes propose du reste lui-même ensuite un abrégé de chacune des *Méditations*, dans lequel il est expressément dit que l'ouvrage ne traite pas des problèmes de la foi, même si la réflexion métaphysique, discipline de pensée qui vise, traditionnellement, à mettre en évidence les premiers principes de l'être et de la pensée, aborde nécessairement à sa façon des questions comme Dieu ou l'âme.

La *Première Méditation* est placée sous l'égide du doute, le plus radicalement possible. Celui-ci a ses règles et ses objectifs déterminés : il s'agit de mettre en place une *méthode* capable de révoquer de l'univers de nos croyances tout ce qui ne présente pas à l'esprit les garanties nécessaires, dans l'espoir que ne demeurent que des certitudes légitimes.

La *Deuxième Méditation* s'intéresse au contraire à ce qui échappe pour la première fois, et inéluctablement, à ce doute radical et méthodique. Elle établit cette célèbre expérience de l'évidence qu'est le *cogito*, puis s'efforce d'en tirer le plus possible d'enseignements accessibles à ce niveau du livre, en particulier sur la nature propre de l'objet ici révélé comme certain : ma pensée et le pouvoir qu'elle me révèle.

La *Troisième Méditation* va élargir le territoire de la certitude, d'abord réduite à la conscience immédiate de soi comme être pensant, en établissant l'existence d'un être extérieur à moi (Dieu), et capable de garantir la vérité de ce que je conçois clairement et distinctement.

La *Quatrième Méditation* démontera alors les mécanismes de l'erreur, me révélera la nature de la liberté de ma pensée et me montrera comment il est toujours possible d'éviter de juger faussement.

La *Cinquième Méditation* examine la nature des idées par lesquelles nous parvenons à penser les choses corporelles de manière suffisamment claire et distincte : ces idées présentent des caractères tels qu'il m'est possible, par leur intermédiaire, de penser avec suffisamment de certitude l'essence des corps, indépendamment de la question de savoir si ceux-ci existent dans la nature. Cet examen des idées dans leurs relations avec la question de l'existence de leur objet permet de proposer un nouvel argument en faveur de l'existence de Dieu, dont l'idée, contrairement à celle des corps, contient nécessairement l'existence.

Enfin, la *Sixième Méditation* propose une théorie du sentiment à la faveur de laquelle c'est à présent l'existence de mon corps qui est prouvée. J'avance ainsi dans la connaissance de ma nature, dont j'apprends cependant qu'elle est en partie incompréhensible, et je m'assure également de l'existence de corps extérieurs au mien, dont j'éprouve que certains sont nécessaires à ma survie tandis que d'autres lui sont nuisibles.

LA MÉDITATION, UN GENRE PHILOSOPHIQUE

Les *Méditations* proposent d'un même mouvement la « philosophie première » de Descartes, qui vise à engendrer les règles élémentaires de certitude donnant accès à toutes les autres connaissances, et un exercice de pensée personnelle qui, selon les intentions de l'auteur, permet à chacun de mettre cette philosophie à l'épreuve de son propre jugement. Il ne s'agit donc pas seulement d'exposer dogmatiquement une métaphysique enseignant les premiers principes dont nous pourrions être certains et dont tout le reste de notre connaissance de nous-mêmes et du monde pourrait suivre, mais d'initier à une méthode de pensée permettant au lecteur d'accéder *par lui-même* à cette philosophie première. En cela, les *Méditations* relèvent d'un genre d'écrit typiquement philosophique. Descartes en attendait beaucoup.

LIRE SELON « L'ORDRE DES RAISONS »

Une « préface de l'auteur au lecteur » a prévenu ce dernier que les six *Méditations* forment une totalité solidaire, gouvernée par un « ordre des raisons », et qu'il faut donc les avoir entièrement lues pour en comprendre réellement tel ou tel passage. Ainsi, ce qui, à l'étape de la *Première Méditation*, pourrait être considéré, de l'aveu même de l'auteur, comme extravagant (exemple : aller jusqu'à douter de l'existence de mon propre corps), ne le sera que tant que j'ignorerai comment la *Sixième Méditation* rétablit, avec mesure, mais avec beaucoup plus d'assurance, la confiance dans les sentiments que m'inspire mon corps. À certains égards, les *Méditations* nous incitent à affirmer que la vérité est une et instantanée. Mais, du moins pour un esprit humain qui ne peut tout embrasser d'un même regard, l'apprentissage de cette vérité exige une progressivité, c'est-à-dire la mise en place de détours dont certains ont valeur d'exercices de consolidation et d'autres prennent l'apparence de reculs, susceptibles d'impatienter un lecteur trop pressé. Descartes, qui a toujours condamné la précipitation, considère que la certitude authentique n'est conquise qu'à ce prix. C'est dans cet esprit qu'il faut lire l'enchaînement des six *Méditations* : comme une suite ordonnée d'expériences de pensée interdépendantes que seule la lecture achevée doit permettre de ressaisir comme d'un seul regard ; mais aussi comme un exercice parfois difficile, qui exige en conséquence le respect d'un rythme calculé par l'auteur, avec ses moments d'incertitude, ses étapes, ses pauses et ses récapitulations. Il faut, dans le même esprit, être très sensible à la façon dont l'auteur, inlassablement, se fait à lui-même des objections tout au long des *Méditations*, puis se force à y répondre.

À l'issue de ces six *Méditations*, on a assisté d'abord à un mouvement, caractéristique de la manière cartésienne (mais à certains égards de toute philosophie), de recul, de mise à distance et de déconstruction de ce qui s'est sédimenté dans l'esprit de chacun, sous forme d'habitudes de pensée, d'illusions, de préjugés, de faux savoirs (naïfs ou érudits). C'est le travail de la *Première Méditation*. Puis, à l'inverse, les cinq autres *Méditations* se sont consacrées à la construction du socle de la certitude ; le *cogito*, première certitude, me révélant le noyau de mon être propre en même temps qu'il fournissait un modèle d'accès à la vérité. Les preuves de l'existence de Dieu m'engagent à rencontrer et à méditer conjointement, selon Descartes, les principes mêmes de l'Être et du raisonnement vrai. La méditation sur le sensible, dont on retient le plus souvent qu'elle nous enseigne (à juste titre) la méfiance, nous réintroduit cependant dans un horizon de certitude : la *Cinquième Méditation* énonce les principes premiers de la pensée scientifique du monde de la matière, la physique ; mais il s'agit aussi d'un horizon de sagesse : la théorie du sentiment qui occupe la majeure partie de la *Sixième Méditation* vise à mettre en évidence des règles de vie, le mot étant pris ici autant dans son sens existentiel que biologique, même s'il n'est nullement question de morale au sens propre.

Tout ceci fait de ce texte cartésien un modèle exemplaire de ce qu'est une démarche philosophique, même si cette démarche ne prend sens que dans le contexte d'une histoire qui invite aujourd'hui à prendre du recul vis-à-vis de tel ou tel point.

L'HISTOIRE D'UN TEXTE

Le texte des *Méditations* a lui-même une histoire, dont témoigne, entre autres, l'abondante correspondance de Descartes. On se contentera de dire ici que le projet et son élaboration s'étendent sur de nombreuses années. La première édition des *Meditationes de prima philosophia*... date de 1641, à Paris. La seconde (la première circulait peu) aura lieu l'année suivante, à Amsterdam. La première traduction française, par le duc de Luynes, publiée en 1647, avait été approuvée, revue et corrigée, par Descartes lui-même. Ces corrections de l'auteur allèrent parfois, par souci de mise au point ultime, jusqu'à s'écarter délibérément de son propre texte latin. La traduction reprise ici est celle du duc de Luynes telle qu'elle fut reproduite par l'édition Adam-Tannery, avec actualisation du français et de l'orthographe. Lorsque le texte latin pouvait éclairer la lecture, cela a été signalé sommairement en bas de page. Le reste de l'appareil de notes n'a qu'un seul souci : chercher à faciliter la lecture, par un débutant en philosophie, d'un texte dont le style se révèle admirable à l'usage, mais qui n'est pas toujours limpide à l'occasion des premières rencontres.

PREMIÈRE MÉDITATION

Descartes commence son livre par une justification de l'entreprise dans laquelle il s'engage ; il en énonce ensuite les conditions ; puis il propose une méthode (le doute systématique, qu'il met en œuvre pour la réaliser).

LA DÉCISION DE JUGER PAR SOI-MÊME

La nécessité de reconstruire l'édifice de ses pensées à partir de principes plus assurés se justifie par le fait que tout homme, dès son enfance, est contraint de croire un certain nombre de choses avant d'être capable d'en éprouver la vérité, puisqu'il n'a pas encore formé sa faculté de juger. Son esprit s'en trouve de ce fait empli d'une foule d'opinions préconçues (préjugés) et d'erreurs. Il semble donc nécessaire d'entreprendre, un jour ou l'autre, de faire le ménage dans sa pensée, afin de la débarrasser de ses préjugés, et de mettre au jour à cet effet les règles d'un jugement solide.

Cela ne saurait pourtant se faire dans n'importe quelle condition : les nécessités de la vie quotidienne risquent d'être contrariées par une telle démarche, car on a besoin d'opinions directrices pour diriger sa vie pratique. C'est pourquoi Descartes s'assure une situation de loisir et de liberté de pensée pour mener à bien son entreprise, à un moment où il pense que son jugement a atteint un degré de maturité ultime.

LA MÉTHODE DU DOUTE

Pour se donner toutes les chances de mettre au jour la vérité, il faut d'abord trouver un moyen de se délivrer de tout ce qui, venant se mêler abusivement à elle, nous empêche de la discerner : vagues opinions confortées par l'habitude, croyances transmises par ceux qui nous ont éduqués ou par les mœurs du lieu et de l'époque, etc. Ce moyen, ce sera le doute. Le doute mis en œuvre dans les *Méditations* a ainsi une double fonction : nous débarrasser de tout ce qui, dans notre esprit, n'est qu'opinion irréfléchie, donc peut-être source d'erreur ; nous mettre éventuellement en face de l'indubitable (ce dont il sera impossible de douter). L'exercice du doute, chez Descartes, a donc pour but de nous mettre sur le chemin de la vérité : on ne doute pas pour douter, mais dans le but déclaré d'échapper, si cela se révèle possible, à l'incertitude. Le doute n'est pas une fin en soi, mais un moyen d'échapper au doute. C'est ce qui sépare la méthode cartésienne de tous les scepticismes.

Pour ce faire cependant, il faut amplifier le plus possible ce doute : plus il sera radical, plus ce qui lui échappera sera assuré. « Radical » doit s'entendre ici en un double sens : le doute doit porter sur la *racine* des croyances, afin d'éviter un interminable (et sans doute impossible) examen de ces croyances une à une ; il doit être *absolu*, quitte à être volontairement et artificiellement exagéré (« hyperbolique », dira plus tard l'auteur).

Dans cet esprit, la méthode du doute est mise en œuvre selon la règle suivante : tout ce qui dépend de principes dans lesquels on pourra, par un moyen ou par un autre, même extravagant et artificiel, introduire le moindre soupçon d'incertitude, sera traité *comme* s'il était faux (bien que Descartes ait parfaitement conscience que le douteux n'est pas forcément faux). On doit ici procéder comme si l'on voulait, dans un panier de pommes, trier celles qui sont pourries de celles qui sont saines : les retirer toutes, dans un premier temps, du panier, pour examiner ensuite celles qui méritent d'être conservées.

LES PENSÉES ISSUES DES SENS

Cette règle est tout d'abord appliquée aux objets de nos sens. Cela tient à ce que chacun de nous, depuis sa naissance, a le sentiment que la réalité vraie lui est d'abord révélée par le moyen de l'expérience sensible : les objets matériels sensibles nous semblent les plus convaincants ; nous pensons ne devoir croire avec certitude que ce que nous voyons, touchons, etc. Pourtant, nos sens, nous le savons, nous ont parfois trompés, ne serait-ce que par le jeu des illusions sensibles, ou parce que le sens nu, sans intervention d'un jugement qui construise l'objet de la sensation, est à vrai dire extrêmement difficile, voire impossible. Tant que nous ne disposons pas de règle nous permettant de discerner ce qui, dans l'univers du sensible, produit des opinions justes et ce qui conduit à des erreurs, il sera sage de simuler, conformément à la règle du doute méthodique, que ce qui vient des sens est faux.

L'ARGUMENT DU RÊVE

Psychologiquement, ce doute portant sur les objets de l'expérience sensible rencontre cependant des difficultés. Comment douter, par exemple, de l'existence de mon corps et de tout ce que je perçois autour de moi, sans adopter un comportement comparable à celui de la folie ? De telle sorte que, à l'image de ce qui arrive aux insensés, aucune pensée raisonnable ne pourrait plus suivre une telle attitude... L'auteur, conscient des limites du lecteur à le suivre sur un tel terrain, a recours à une autre expérience psychologique, dans laquelle chacun est bien contraint de se reconnaître : celle du rêve. Mes songes, qui me présentent pourtant des chimères, suscitent souvent mon adhésion avec plus de force encore que lorsque je veille. À tel point que je me rends compte que je ne dispose à vrai dire, pour l'instant, d'aucun critère sûr me permettant de distinguer sans hésitation les objets de mes rêves de ceux de l'expérience diurne. Cette expérience devrait me convaincre de façon plus insistante encore de la nécessité de révoquer en doute tous les objets de mes sens.

LES PENSÉES QUI RÉSISTENT ENCORE AU DOUTE

Une nouvelle objection se présente alors, qui va exiger de moi un instrument de doute encore plus puissant que l'argument du rêve. Car si les objets des sens ne sont que chimères, au moins sont-ils nécessairement composés d'éléments simples et généraux, tels que, pour prendre l'exemple de mon corps, l'idée de tête, de main, etc., ou, plus générales encore, les idées de forme, de couleur, de grandeur, de durée, etc. Même si je doute de la bonne utilisation de ces notions générales dans le cadre de mon expérience sensible immédiate, du moins me sera-t-il impossible de douter de ces notions mêmes.

À ce stade, il semble donc praticable de douter de toutes les connaissances qui concernent des choses composées (physique, astronomie, connaissances des corps organiques, etc.), mais non de celles dont les objets extrêmement simples, voire indépendants des corps extérieurs, n'admettent pas d'incertitudes. Par exemple : « l'arithmétique, la géométrie, et les autres sciences de cette nature, qui ne traitent que de choses fort simples et fort générales, sans se mettre beaucoup en peine si elles sont dans la nature ». Car, même dans mes songes, affirme Descartes, 2 + 3 = 5 et le carré n'aura jamais plus de quatre côtés...

HYPOTHÈSE DE L'EXISTENCE D'UN MALIN GÉNIE

La méditation doit donc ici s'efforcer d'inventer un nouvel artifice, pour examiner si elle parviendra à douter de ces connaissances si simples, apparemment indubitables.

Cette décision méthodologique nouvelle consistera à évoquer l'idée d'un Dieu qui emploie toute son énergie à ce que je me trompe, au moment même où je me crois le plus proche de la vérité. Il est vrai que cette idée d'un Dieu trompeur est contraire à la bonté que nous lui attribuons d'habitude, mais le simple fait que je puisse l'imaginer suffit pour l'instant à m'aider à étendre le doute provisoire à toutes les vérités, y compris les plus irréductibles comme celles qui relèvent des mathématiques.

Les athées croiront peut-être échapper à ce dernier argument, mais Descartes leur rétorque alors que si l'auteur de leur existence n'est pas un dieu tout-puissant, ils ont d'autant plus de motifs de douter de leur esprit que celui-ci est produit par une cause moins parfaite... D'où il suit qu'il est désormais possible d'étendre la méthode du doute à tout ce qui se présentait jusqu'ici à nous avec quelque apparence de certitude.

INCONFORT DU DOUTE

Toutefois ce doute est difficile à vivre... Si bien que nous courons le risque de retourner insensiblement à nos anciennes opinions, quitte à renoncer à la vérité, dès lors qu'il est si pénible d'y accéder.

C'est pourquoi la méditation va ici marquer une pause, durant laquelle il nous faudra prendre le temps nécessaire pour accoutumer notre esprit à douter de tout, en imaginant, s'il le faut, un Dieu trompeur, ou du moins un méchant génie tout-puissant, qui s'emploie à nous tromper. Car seule, dans une telle hypothèse, notre liberté de suspendre notre jugement pourra nous permettre d'échapper infailliblement à sa malignité. Et c'est ce à quoi nous devons nous entraîner avant d'aborder la *Méditation* suivante.

DEUXIÈME MÉDITATION

L'esprit s'étant suffisamment entraîné à douter de l'existence de toute chose pour ne plus savoir quel parti prendre, il s'agit à présent de déterminer s'il existe quelque chose d'indubitable ou si l'on doit se résoudre à cette seule certitude selon laquelle aucune vérité ne pourrait être découverte.

La *Deuxième Méditation* va donc établir ce point fixe et assuré qu'est le *cogito* ; cette découverte permettra ensuite de s'interroger sur ce que je peux connaître de ma propre nature ; puis, l'examen de la manière dont je connais les corps extérieurs me confirmera que l'esprit est plus aisé à connaître que les corps et que l'on connaît plus sûrement par l'esprit que par les sens.

L'EXPÉRIENCE DU *COGITO*

La proposition « *je suis, j'existe* » est la première vérité qu'aucun doute ne saurait parvenir à ébranler. En effet, que je veille ou que je dorme, que je pense juste ou que je m'abuse, que je sois certain ou que je doute, qu'un Être tout-puissant me trompe ou non, il restera toujours certain que j'existe. Se tromper, être trompé, douter, etc., sont des modalités de ma pensée. Et chaque fois que je pense, quelle que soit la valeur de ce que je pense, je ne puis en tout cas douter que je pense — que je suis un être pensant. La première certitude rencontrée m'assure donc de mon existence. Cette conscience de soi est inébranlable aussi longtemps que j'y pense. Ce n'est pas encore une *vérité* définitivement établie, que je pourrais poser comme invulnérable (la véracité divine sera pour cela nécessaire, et n'interviendra véritablement qu'à partir des démonstrations de l'existence de Dieu, première vérité en soi), mais c'est déjà une expérience de la *certitude*, et cette expérience est certitude du sujet pour lui-même dans le moment où il s'éprouve comme sujet pensant, ce qui, en l'absence provisoire de toute autre certitude, est déjà extrêmement précieux.

PREMIER ENSEIGNEMENT DU *COGITO* : SUR LA NATURE DE L'*EGO* PENSANT

Il me faut cependant exploiter cette découverte. Dans un premier temps, je m'efforcerai d'en déduire une meilleure connaissance de ce que je suis ou, plus exactement, de cet être (moi-même) qui m'est manifesté dans l'expérience du *cogito*.

Descartes propose alors de faire l'inventaire des opinions les plus communes (antérieures à l'exercice de la méditation) par lesquelles chacun se représente ordinairement ce qu'il croit être. Il sera ensuite possible, en comparant ces « anciennes opinions » à ce que le *cogito* m'apprend de moi-même, d'éliminer toutes les fausses conceptions de mon être.

Tout d'abord, il faut récuser une mauvaise méthode qui consisterait, à la manière d'Aristote ou des scolastiques, à s'imaginer qu'en produisant une définition (par genre et espèce) on se connaîtra mieux. Que je dise, par exemple, que je suis « un homme », et que je définisse l'homme comme un « animal raisonnable », et me voilà devant deux difficultés au lieu d'une : Qu'est-ce qu'un « animal » ? Qu'est-ce que « raisonnable » ?

Au lieu de cela, il me faut jouer selon les règles le jeu de la méditation et chercher en moi-même les idées que j'avais de mon être.

Je m'appréhendais d'abord comme un corps ; composé de chair, d'os, de membres, etc.

Je me représentais, par ailleurs, comme un être qui, d'une part, se nourrit, marche, d'autre part, sent, et enfin qui pense.

Et comme ces actions supposaient un principe d'animation du corps, je concevais que j'avais une âme, dont je n'avais du reste que des représentations approximatives (un esprit : un souffle, une vapeur...).

Il faut à présent mettre ces idées à l'épreuve. Nous disposons pour cela de deux points d'appui : la méthode du doute, qui me permet de rejeter toutes les idées mal assurées ; mais surtout cette expérience de soi qu'est désormais le *cogito* et à laquelle je peux confronter les idées que j'ai de moi-même.

Or, si je rapporte de la sorte au *cogito* toutes les qualités que j'attribue à ma nature corporelle, je me rends compte qu'aucune d'elles ne se trouve confirmée : l'identité qui m'était révélée par le *cogito* était, au contraire, consécutive à la mise en doute de l'existence de tous les corps, y compris du mien. Ce n'est donc assurément pas un mode d'être corporel que me révèle avec certitude le *cogito*.

Mais cela exclut par là même d'autres idées que j'avais de moi-même, et qui supposaient mon existence corporelle ; par exemple, que je marche, que je me nourrisse, que je sente par l'intermédiaire d'organes, etc.

Reste donc la pensée, dont j'aperçois avec certitude qu'elle appartient à mon être ; je ne connais de moi-même, de manière indubitable, pour l'instant, que cette seule chose : je suis un être qui pense[1].

Qu'est-ce que cet être ? Ce n'est ni un corps, ni un souffle, ni une vapeur, etc., puisque je puis, comme je l'ai fait, douter de tout cela et découvrir cependant en dépit de ce doute la certitude que je suis quelque chose.

Je remarque par ailleurs que, pour mieux comprendre ce que je suis, je ne puis recourir à l'imagination, car l'image est la figure d'une chose corporelle et ne peut donc que m'induire en erreur, puisque je viens de voir que ce « je » que je suis dans le *cogito* n'est pas corporel.

LES MODES DE LA PENSÉE

Il me faut donc *concevoir*, et non sentir ou imaginer, ce que je suis : je suis une chose qui pense — que ces pensées soient des doutes, des affirmations, des volontés, ou même des images ou des sensations.

1. C'est ce passage du « je pense » à « une chose qui pense » conçue comme âme, pensée, substance pensante distincte du corps, qui sera contesté, d'abord par Hobbes dans les troisièmes objections aux *Méditations* : si on déduit, dira Hobbes, du fait que je me promène, que je suis, cela reste acceptable, mais pas pour affirmer ensuite que cette chose qui se promène est essentiellement une promenade.

Ces deux dernières modalités peuvent surprendre. Pourtant, comme le remarque Descartes, il est indéniable que les images des corps ainsi que les sons, les odeurs, les visions, et autres sensations perçues « comme par l'entremise des organes du corps[1] », se trouvent parmi mes pensées. Tout en maintenant le doute sur l'existence d'objets extérieurs à ces pensées, je puis admettre sans risque « qu'il me semble que je vois, que j'ouïs, et que je m'échauffe ; et c'est proprement ce qui en moi s'appelle sentir, et cela, pris ainsi précisément, n'est rien autre chose que penser[2] ». Un contenu de conscience, qu'il s'agisse d'une idée, d'une image ou d'une sensation, est, *en tant que contenu de conscience*, au moment où j'en ai conscience et sans rien présupposer de ce qui est extérieur à la conscience, indubitable. Exactement : il me révèle avec certitude que je suis un être pensant.

Je sais donc, à ce point de la méditation, ce que je suis sans aucun doute possible : un être qui pense — et je dois pour le moment exclure de mes certitudes tout ce qui ne se révélera pas être une modalité de la pensée.

QUE SAVONS-NOUS DES CORPS ? ANALYSE D'UN MORCEAU DE CIRE

Pourtant Descartes soupçonne que l'esprit, repris par ses mauvaises habitudes, ne se résoudra pas si facilement à abandonner les choses corporelles qui lui sont manifestées par les sens. Quoique celles-ci se soient révélées jusqu'ici beaucoup plus douteuses que le sujet pensant du *cogito*, elles lui semblent pourtant connues plus distinctement, plus familières et plus claires que cette mystérieuse partie de soi qu'on ne peut ni sentir, ni même imaginer. C'est pourquoi Descartes conseille alors de laisser cet esprit s'égarer dans son erreur, afin de mieux pouvoir ensuite le ramener à la certitude.

L'analyse du morceau de cire a donc pour objectif, non de prétendre définitivement que les corps sont de l'ordre de l'illusion, mais de nous convaincre que notre esprit est, contre toute apparence, plus aisé à connaître que les corps extérieurs, au moins en ce sens qu'il est connu avec certitude avant eux, et surtout que, sans lui, les corps ne sont pas connaissables.

---

1. *Cf.* p. 43. \ **2.** *Cf.* p. 44.

Prenons donc un morceau de cire. Il a le goût du miel, l'odeur des fleurs, une certaine couleur, une figure, une grandeur : « il est dur, il est froid, on le touche, et si vous le frappez, il rendra quelque son ». Tous les sens sollicités nous donnent donc le sentiment de « connaître » distinctement ce corps. Mais qu'on l'approche du feu, et soudain ce morceau de cire perd toutes ces qualités sensibles qui semblaient le définir. Et pourtant, nous jugeons cependant, contre ce que nous manifestent nos sens, que c'est la même cire...

Cette analyse du morceau de cire nous enseigne donc au moins deux choses :

– que les qualités *essentielles* d'un corps ne sont pas ses qualités « sensibles », mais une certaine *étendue* et un certain *mouvement* de cette étendue, susceptible de lui faire prendre diverses *figures* ;

– surtout, que cette essence des corps n'est appréhendée ni par les sens ni par l'imagination, mais d'abord par une conception de la pensée (« une inspection de l'esprit »), comme lorsque je *vois* des chapeaux et des manteaux passer sous ma fenêtre, et que je *juge* que ce sont des hommes[1].

Descartes remarque au passage que le langage ordinaire est ici, comme très souvent, complice (héritier ?) du préjugé, puisque j'ai coutume de dire que je « vois » la même cire ou que je « vois » des hommes, oubliant qu'en réalité *je juge* que c'est la même cire ou que ce sont des hommes que je vois.

La perception des objets corporels est donc bien subordonnée à l'exercice de ma pensée, au jugement. Plus précisément : il se peut, comme on l'a déjà vu, que ces corps que je crois percevoir si clairement ne soient que chimères. Restera cependant une certitude : ma pensée juge qu'elle les a perçus.

Mon esprit, son existence et sa nature, sont donc bien plus aisés à connaître avec certitude que tout corps.

1. *Cf.* p. 47.

TROISIÈME MÉDITATION

Après avoir, comme à l'accoutumée, rappelé les acquis des *Méditations* précédentes, Descartes s'efforce, dans la *Troisième Méditation*, d'accroître la somme de ses connaissances : il s'agit à présent de trouver un moyen de sortir de la sphère étroite du *cogito* pour établir, s'il se peut, l'existence de quelque chose d'extérieur à mon esprit. Ce moyen se révélera être *l'idée* de Dieu, que je trouve en moi, et à partir de laquelle il me deviendra possible d'établir *l'existence* de ce Dieu. Enfin, l'examen de la nature de la divinité m'assurera désormais définitivement que je ne peux me tromper lorsque ce que je conçois est clair et distinct.

INVENTAIRE DES IDÉES CLAIRES ET DISTINCTES À CE POINT DE LA MÉDITATION

J'admets pour l'instant, selon le modèle de certitude que me fournit l'expérience du *cogito*, que tout ce qui se trouve actuellement dans mon esprit de manière claire et distincte (doutes, affirmations, imaginations, désirs, sensations et sentiments) appartient avec certitude à mon être à titre de mode de ma pensée. En effet, le *cogito* n'est pas seulement une expérience certaine de mon existence, il est aussi, et peut-être surtout, une expérience des conditions de la certitude : lorsque mon esprit attentif éprouve que son objet de pensée est absolument clair et distinct.

Je peux ici faire une sorte d'inventaire de ce que je conçois clairement et distinctement :

– J'ai clairement en moi l'idée de choses extérieures aperçues « comme » par l'entremise des sens ; encore qu'il demeure très incertain si j'ai ou non des sens et s'il existe des corps extérieurs à moi-même.

– J'ai également en moi ces pensées claires et distinctes que sont les vérités de type mathématique, et dont je n'ai pu douter que par l'hypothèse d'un Dieu trompeur.

Je m'aperçois alors que cette dernière hypothèse reste susceptible d'hypothéquer la confiance que j'ai dans mes idées, si claires et distinctes soient-elles. Plus précisément, s'il est vrai que je ne parviens pas à douter de ce qui se présente à mon esprit comme clair et distinct, néanmoins, je reste sensible à cette hypothèse d'un Dieu tout-puissant qui pourrait faire que je me trompe lorsque je suis pourtant en face d'une pensée dont je ne parviens pas à douter. C'est pourquoi il me faut examiner le plus tôt possible s'il existe un Dieu, et le cas échéant, s'il peut être trompeur.

LA PENSÉE ET LE RÉEL

Dans ce but, la *Méditation* va procéder à un certain nombre d'examens préliminaires :

– Quelles sont les différentes modalités de ma pensée, et, parmi celles-ci, lesquelles sont susceptibles de présupposer *(à tort ou à raison)* l'existence de réalités extérieures ?

– Quelles sont les diverses origines de mes idées et, parmi ces idées, lesquelles sont susceptibles d'avoir une origine extérieure *attestée* ?

– Lorsqu'une idée prétend représenter quelque chose d'extérieur, que faudrait-il exiger d'elle pour que cette réalité extérieure soit avérée ?

1. Je peux diviser mes pensées en trois genres : *les idées*, qui sont « comme des images des choses » (exemple : la représentation d'un homme, ou d'une chimère, ou de Dieu…) ; *les volitions* (volontés, désirs, craintes…), par lesquelles je me détermine face à un objet réel ou imaginaire ; et enfin *les jugements*, par lesquels j'approuve, je mets en doute, ou je récuse ce que me représente une pensée.

Les idées, considérées en elles-mêmes, ne peuvent être source d'erreur : si je ne préjuge pas d'autres choses, je dois bien admettre que leur existence dans ma pensée est claire et distincte ; il en va de même pour les volontés, les désirs, les craintes, etc. Il n'y a donc que par le jugement que je puisse m'exposer à l'erreur. Ce risque d'erreur consiste précisément en ce que, dans le jugement, « je juge que les idées qui sont en moi sont semblables ou conformes à des choses qui sont hors de moi ».

2. Pour repérer ceux qui, parmi de tels jugements, peuvent être légitimes, et éviter les jugements erronés, il me faut donc identifier, parmi mes idées, celles qui pourraient me révéler l'existence d'objets extérieurs.

Or je trouve en moi trois genres d'idées : celles qui sont nées avec moi (« innées »), par exemple la compréhension de moi-même comme être pensant, et d'une manière générale tout ce qui s'appréhende comme évidence ; celles qui se présentent *comme* venues du dehors (« adventices »), par exemple un son, une vision, un état corporel, etc. ; et celles que j'ai moi-même inventées (« factices[1] »), par exemple les hippogriffes[2], les sirènes, et autres fictions de mon esprit.

Lorsque je considère les raisons qui me conduisent à croire qu'à mes idées adventices correspondent des objets auxquels elles sont semblables, je trouve deux arguments :

a. J'ai une inclination naturelle à le croire ; mais c'est là une bien faible raison, dès lors que je sais distinguer entre la lumière naturelle (qui m'apporte la certitude indubitable sitôt que je perçois clairement et distinctement) et l'inclination naturelle (qui m'incite à affirmer ou à rechercher quelque chose, sans me représenter avec certitude que cette chose est vraie ou qu'elle est bien). Du reste, j'expérimente quotidiennement qu'il m'arrive, par exemple, de désirer le mal, ce qui est un signe incontestable de la faillibilité de ma nature.

b. Il me semble que ces idées se présentent à moi indépendamment de ma volonté, ce qui paraît attester de l'existence d'une cause extérieure. Mais cela non plus n'est pas très convaincant. Car je peux bien avoir une faculté inaperçue de produire ces idées qui soit à la fois indépendante de ma volonté et de toute perception extérieure — comme cela se manifeste dans le rêve où, indépendamment de ma volonté et sans que je perçoive aucun objet extérieur, j'ai pourtant des images d'objets *comme* extérieurs. Du reste, quand bien même j'admettrais que ces idées sont issues d'objets extérieurs, il ne s'ensuivrait pas qu'elles leur soient semblables : ainsi l'idée produite par la *perception* du soleil (extrêmement petit) est fort différente de l'idée que le *raisonnement* astronomique en produit, et qui me semble à la réflexion plus proche de la réalité (il y a là comme une première leçon implicite sur ce qu'est, selon Descartes, une pensée scientifique).

Pour le moment, je n'arrive donc point, par la considération de mes idées, prises en elles-mêmes, à établir qu'il y en ait qui soient issues d'objets hors de moi.

---

1. Fabriquées par moi-même. \ **2.** Animal fabuleux, moitié cheval, moitié griffon.

3. C'est pourquoi Descartes va chercher à procéder autrement. Jusqu'à présent, j'ai considéré les idées adventices comme simples contenus de ma pensée et rien n'est parvenu, du point de vue qui nous préoccupe ici (leur pouvoir de renvoyer à quelque chose d'extérieur), à me les faire réellement distinguer les unes des autres. Elles apparaissent comme ayant le même type de réalité, qui est d'être de la pensée, et cela ne suffit pas pour décider de leur degré respectif d'objectivité (de capacité à *représenter* du réel effectif). Il me faut à présent examiner la manière dont elles visent un objet — leur apparence de représentativité, que Descartes appelle leur « réalité objective ». La réalité objective est donc l'aptitude d'une idée à représenter autre chose qu'elle-même. Elle s'opposera, dans le raisonnement de Descartes, à la « réalité formelle », c'est-à-dire effective, « actuelle », extérieure à la pensée.

Ceci établi, il y a plus de réalité objective dans l'idée d'une substance (c'est-à-dire d'une chose dont la nature subsiste même si elle subit des modifications, exemple : « la cire ») que, par exemple, dans l'idée de l'un de ses accidents (c'est-à-dire ce qui peut lui arriver ou disparaître sans perturber la nature de la substance, exemple : la couleur, l'odeur, la saveur, etc., de tel morceau de cire en ce moment). Il y a plus de réalité représentée dans la première idée que dans la seconde (ce qui ne prouve pas que cette représentation soit exacte). De même, il y a une « réalité objective » maximale dans l'idée de Dieu, c'est-à-dire d'un être parfait, infini, éternel, etc. Cette idée représente la perfection, c'est-à-dire le maximum de réalité. De fait, Dieu (on ne peut le savoir à ce niveau de la méditation) se révélera être en réalité, dans la philosophie cartésienne, la seule substance au sens absolu du mot. Les autres ne seront appelées substance que par dérivation ou par analogie[1].

Descartes attire alors notre attention sur un principe que nous enseigne la « lumière naturelle » : de même que rien ne naît du néant, il doit y avoir au moins autant de réalité dans une cause que dans son effet. Ce que Descartes applique au cas présent : soit l'idée de quelque chose, par exemple d'une pierre. On admettra facilement que si cette pierre existe *formellement*, c'est-à-dire effectivement, la cause de cette chose

---

1. Sur ce point, voir plus spécialement les articles I, 51 à 56 des *Principes de la philosophie*.

doit avoir au moins autant de réalité qu'il en faut pour produire une pierre, ou sinon elle est d'une telle nature, supérieure à la pierre, qu'elle a le pouvoir de produire cette réalité (elle en est alors la « cause éminente ») — ce qui revient à affirmer qu'elle a toujours plus de réalité que son effet. Mais, selon Descartes, il faut aller plus loin : il faut voir que la cause d'une idée doit avoir au moins autant de réalité formelle que cette idée a de réalité objective. Exemple : « L'idée de [...] la pierre ne peut pas être en moi, si elle n'y a été mise par quelque cause, qui contienne en soi pour le moins autant de réalité, que je n'en conçois dans [...] la pierre. » Ce qui signifie que si la pierre n'existe pas, et que c'est donc moi qui en ai produit l'idée, je dois avoir en moi suffisamment de réalité actuelle (formellement ou éminemment) pour produire tout ce qu'il y a de représentatif dans l'idée de la pierre. Car la seule réalité formelle de l'idée, c'est d'être un mode de ma pensée. Il faut donc bien, puisque rien ne naît du néant, que son pouvoir de représentation (sa réalité objective) soit issu de la réalité effective d'une cause capable de la produire.

Ceci a une conséquence importante : si je rencontre en moi une idée qui représente plus de réalité que je n'en peux contenir ou produire moi-même, il faudra bien que mon esprit admette avec évidence que cette idée est causée par quelque chose d'extérieur à lui-même, dont l'existence deviendra alors certaine.

EXAMEN DE LA CAUSE FORMELLE DE MES IDÉES

Je dois donc chercher si, parmi les idées représentatives que j'ai en moi, il y en a de cette sorte.

L'idée qui me représente à moi-même ne pose pas problème : j'ai en moi tout ce qu'il faut pour la produire.

Les idées qui me représentent d'autres hommes, ou des animaux, ou des anges, etc., peuvent également être un produit de mon esprit, par un mélange de l'idée que j'ai de moi-même, de celle que j'ai des corps extérieurs, et de celle de Dieu, que je trouve également en moi.

L'idée claire et distincte des corps extérieurs est composée d'éléments (grandeur, extension, figure, mouvement...) que j'ai pu produire moi-même sans aucune difficulté, puisque, selon Descartes, l'expérience que j'ai de moi-même comme substance pensante, me rend capable de produire les idées nécessaires pour penser (quitte à l'inventer) une substance étendue[1].

Les idées que j'ai des qualités secondes des corps, telles que couleurs, odeurs, chaleur, etc., sont, je l'ai déjà remarqué, trop confuses pour que je sache si elles ont une quelconque réalité objective (au sens déjà défini) : par exemple, je trouve bien en moi les idées de froideur et de chaleur ; mais le froid est-il une *privation* de chaleur (auquel cas il n'est *rien*) ? Est-il plutôt formellement (réellement) quelque chose ? Je dois bien avouer que tout cela est encore trop douteux. En tout état de cause, je peux trouver en moi la cause de l'idée du froid dans l'une ou l'autre hypothèse ; car dans le premier cas sa présence dans mon esprit est due à une imperfection de celui-ci, qui pose des idées auxquelles ne correspond aucun objet ; dans le second cas, le froid semble si peu de chose que je peux bien être à l'origine de son idée.

Ne reste donc à examiner que l'idée de Dieu elle-même.

PREMIÈRE PREUVE DE L'EXISTENCE DE DIEU (PAR L'IDÉE D'INFINI, OU DE PARFAIT)

L'examen de cette idée de Dieu va me prouver que Dieu existe. En effet l'idée, que je trouve en moi, de la divinité est celle d'un être absolument parfait. Or je sais que cette perfection ne m'appartient pas. Conformément aux principes établis plus haut, il me faut donc admettre que cette idée a plus de réalité objective (de faculté de représentation de la réalité extérieure) que je n'en puis produire moi-même. Je ne saurais par conséquent en être l'auteur. Il y a donc un être, extérieur à moi, auteur de cette idée en moi et infiniment parfait.

Descartes s'efforce ensuite de répondre à plusieurs objections qu'on pourrait vouloir opposer à une telle preuve :

1. Il ne faut pas dire que cette idée d'un Dieu parfait et infini a été conçue à partir de moi-même par négation de ma propre finitude —

1. C'est là un point qu'on pourrait vouloir contester : qu'est-ce donc, dans l'expérience de moi-même comme substance pensante, qui peut être à l'origine des attributs de la substance étendue ?

comme je conçois l'idée de repos en niant celle de mouvement. Car, contrairement aux apparences véhiculées par le langage, l'idée d'un Dieu infini que je trouve en moi est une idée *positive* : c'est celle d'un véritable infini actuel (effectivement réalisé) — de la possession effective de toutes les perfections. D'ailleurs, pour que je doute ou que j'aie conscience de mon imperfection, il a bien fallu que j'aie d'abord, et donc positivement, en moi l'idée d'une perfection absolue. D'autant plus que cette idée se présente à moi de manière absolument claire et distincte, et même qu'elle contient en soi toutes les autres réalités que je conçois clairement et distinctement.

2. On objectera alors que cette idée n'est pas si claire et si distincte que je le dis, puisque assurément je suis fort incapable de décrire la perfection dans tous ses détails. Mais c'est là confondre conception et compréhension : je conçois clairement et distinctement l'idée d'un être actuellement infini et parfait ; mais, étant moi-même fini et imparfait, je ne peux évidemment embrasser par l'esprit toute cette perfection.

3. On voudra alors objecter que j'expérimente en moi une aptitude à progresser indéfiniment, aptitude dont l'idée a pu m'inciter à produire celle d'une absolue perfection. Mais, à nouveau, c'est là confondre la perfection actuellement infinie de Dieu, avec une perfection potentielle à laquelle j'aspire. Et du reste, si je progresse, c'est bien là la preuve que je ne suis pas parfait, car progresser, c'est un état radicalement et définitivement contraire à l'état de perfection au sens où il en est question ici : le progrès suppose l'imperfection. Imparfait, je suis donc incapable de produire l'idée positive de perfection.

Il me faut donc admettre que Dieu, cause de cette idée en moi, existe.

DEUXIÈME PREUVE DE L'EXISTENCE DE DIEU (PAR LA RECHERCHE DE L'AUTEUR DE MON ÊTRE)

Mais comme il se peut que notre esprit retors soit trop prompt à oublier les ressorts logiques de la précédente preuve, Descartes se propose de renforcer cette conclusion par une nouvelle argumentation. En réalité, cette seconde démonstration sera également très utile pour nous faire saisir tout le parti que nous pouvons tirer de l'assurance de l'existence d'un Dieu parfait. Car si Dieu n'est pas seulement la cause de la présence en moi de l'idée d'infini, mais de surcroît l'auteur de mon être, peut-être en pourrai-je tirer quelques enseignements utiles à la nature de mes connaissances.

Il me faut donc à présent me demander quel est cet auteur de mon être. Est-ce moi-même ? Ou mes parents ? Ou bien quelque autre cause moins parfaite que Dieu ? Ou bien est-ce bien, nécessairement, un Dieu parfait ?

1. Ce ne peut être moi-même, car si j'avais eu ce pouvoir, j'aurais eu *a fortiori* celui de m'attribuer toutes les perfections et je me les serais attribuées. Or, je remarque à nouveau que, loin de me sentir parfait, j'expérimente en moi du désir, donc de l'imperfection.

2. Je pourrais avoir la témérité d'imaginer que j'ai toujours existé et que je n'ai donc besoin d'aucun créateur. Mais, là encore, il me faut admettre que j'existe dans la durée ; la lumière naturelle me révèle ensuite qu'il faut autant de puissance pour conserver une substance dans l'existence que pour la créer. Plus exactement : dès lors qu'on considère ce que c'est que le temps, on remarque qu'il est divisible à l'infini en unités elles-mêmes infinitésimales : les instants. Or ce présent infinitésimal est la seule partie du temps qui existe réellement : le passé n'existe pas plus que l'avenir et, n'étant plus rien ne saurait avoir quelque puissance que ce soit de me soutenir dans l'existence. Il faut donc qu'un être présent ait ce pouvoir. Or je n'expérimente pas en moi une telle puissance de me conserver dans l'existence, puissance à vrai dire de même nature que celle qui m'a créé. Il me faut donc convenir qu'elle est en un autre être, qui est mon auteur. Cet être, c'est Dieu, qui à chaque instant renouvelle l'opération par laquelle il m'a créé. Exister suppose donc une espèce de création continuée dont Dieu est le support.

3. Peut-être suis-je le produit d'une autre cause, moins parfaite que Dieu ? Mais il faudra alors se demander quelle est l'origine de cette cause ; si elle est à elle-même sa propre cause, elle s'est donné, par le raisonnement précédent, la perfection et elle est Dieu. Sinon, il faudra pour l'expliquer remonter peu à peu la chaîne jusqu'à Dieu.

4. On pourra encore vouloir penser que plusieurs causes imparfaites ont concouru chacune de son côté à me produire, et que si elles se rassemblent en mon esprit pour constituer l'idée de perfection, celle-ci en tant que telle n'existe pas formellement, car rien ne les rassemble en dehors de mon esprit. Mais cela n'est pas conforme à l'idée claire et distincte que je me fais de Dieu, dont l'un des attributs est qu'il est une perfection unique, simple, et dont les parties sont inséparables. Comment des causes indépendantes les unes des autres m'auraient-elles transmis cette idée d'unité inhérente à la notion de perfection ?

5. Quant à mes parents, je ne puis nier qu'ils aient concouru à me produire matériellement, mais je vois bien qu'ils n'ont eu ni le pouvoir de créer mon âme, ni celui de me conserver dans l'existence.

En conséquence : « Il faut nécessairement conclure que de cela seul que j'existe, et que l'idée d'un être souverainement parfait (c'est-à-dire de Dieu) est en moi, l'existence de Dieu est évidemment démontrée. »

NATURE DE L'IDÉE DE DIEU

Descartes examine alors l'origine de cette idée de Dieu qu'il a en lui ; elle ne vient pas de l'extérieur, puisqu'elle ne s'impose pas à lui comme celle des objets des sens ; elle n'est pas inventée par son esprit, puisque celui-ci, on l'a vu, n'a pas le pouvoir d'inventer la perfection ; elle est donc innée : elle doit être considérée comme une espèce d'empreinte de la nature de l'ouvrier sur son ouvrage ; et c'est du reste cette présence de l'idée de perfection en moi qui m'incite à vouloir toujours me perfectionner. En effet, c'est par la même expérience de l'esprit que je découvre à la fois la perfection divine et ma propre imperfection, que j'aspire alors à réduire le plus possible.

Reste à tirer l'une des conclusions essentielles de cette *Méditation* : j'ai été créé par un Dieu parfait ; ce Dieu ne peut donc être trompeur puisque cela serait de toute évidence un défaut de sa part ; et *je peux donc désormais me fier à tout ce que je perçois clairement et distinctement* — ce qui sera amplement confirmé dans la *Méditation* suivante.

QUATRIÈME MÉDITATION

La *Quatrième Méditation* poursuit deux objectifs étroitement liés : elle va disculper Dieu de la responsabilité de mes erreurs ; elle va me montrer en quoi consistent ces erreurs et me permettre ainsi de les éviter.

D'OÙ VIENT L'ERREUR ?

Le début de la méditation, reprenant ce qui vient d'être établi, annonce le projet de découvrir « un chemin qui nous conduira de cette contemplation du vrai Dieu [...] à la connaissance des autres choses de l'Univers[1] ». Il est désormais prouvé que Dieu a sans doute le pouvoir de me tromper, mais qu'il ne saurait le vouloir sans faillir à la perfection qui le définit. Il me faut m'imprégner et me convaincre de cela tout en démêlant par la même occasion le mécanisme de mes erreurs.

Puisque la bonté divine exclut que j'aie été créé de telle sorte que je ne sois pas capable d'éviter l'erreur, il me faut comprendre que j'en suis le seul responsable. L'erreur vient en effet de certains manques qui se trouvent en moi, créature à mi-chemin entre la perfection divine et le néant : « La puissance que Dieu m'a donnée pour distinguer le vrai d'avec le faux n'est pas en moi infinie. » Il me faudra comprendre que ce manque, en tant que manque, n'est pas *un être* dont l'existence incomberait à la responsabilité de Dieu, qui deviendrait ainsi indirectement responsable de mes erreurs. Un manque est un néant, et ce n'est que par un désir abusif que je le pose comme un être qui me serait dû, mais qui ne m'aurait pas été donné. Les oiseaux seraient-ils sur ce modèle fondés à se plaindre de ne pas avoir de nageoires ? Mais il me semble pourtant que ce défaut de connaissance que je trouve en moi me prive de quelque chose que je devrais posséder si Dieu était vraiment bon. Ne puis-je lui faire reproche de m'avoir fait ainsi ?

Il me faut ici, dit Descartes, prendre la mesure de ma finitude et considérer qu'il serait bien téméraire de prétendre comprendre pourquoi Dieu fait ce qu'il fait comme il le fait : les voies de Dieu sont impénétrables. C'est d'ailleurs la raison pour laquelle le physicien devra toujours s'interdire de chercher à expliquer la Nature par la considération de causes finales[2].

---

1. *Cf.* pp. 81-82. \ **2.** La cause finale est celle en vue de laquelle une chose est censée exister. Il y a là un refus que Descartes renouvellera tout au long de ses travaux et de ses recherches, y compris en physique et en médecine (science du vivant, qu'on appelle aujourd'hui « biologie »). La science doit selon lui pouvoir s'établir sous la forme d'une mécanique, c'est-à-dire d'un rapport entre des figures, des temps et des mouvements, des positions respectives, sans introduire les notions confuses de « forces » et de « finalité ». Cela se développera par exemple dans les *Principes de la philosophie* et fera à la fois la force et les limites de la physique cartésienne.

J'ai cependant établi précédemment que Dieu était souverainement parfait, et qu'étant Créateur de toutes choses, il n'a pu faire l'Univers que de la meilleure manière possible. Or j'expérimente que je ne suis pas parfait — ce qui paraît contradictoire.

C'est que, répond Descartes, je ne saurais m'identifier à la totalité de l'Univers ; je n'en suis qu'une partie ; et l'imperfection de cette partie n'empêche nullement que le Tout soit organisé suivant un ordre parfait que mon esprit fini ne parvient pas à ressaisir.

Quelle est, dans ces conditions, la source de mes erreurs ?

Si je considère mes jugements, je m'aperçois qu'ils sont produits par le concours nécessaire de deux facultés : mon *entendement* et ma *volonté*.

Mon entendement est ma faculté de concevoir des idées. Il est certes limité, puisqu'il ne peut tout concevoir ni tout comprendre, mais il ne saurait être cause de mes erreurs, car en concevant une idée je n'affirme ni ne nie rien.

Ma volonté, de son côté, est sans limites : je puis tout vouloir, et je ne rencontre sur ce terrain aucune borne ; à tel point que je me rends compte que c'est proprement par cette infinité de ma volonté que je porte en moi une image de la divinité. Je ne puis donc non plus me plaindre que Dieu m'ait donné une volonté aussi illimitée (en elle-même) que la sienne. D'autant qu'à la réflexion, je vois que la volonté est indivisible : on ne peut m'en ôter une partie sans l'anéantir totalement. Une volonté partielle, qui serait comme une volonté surveillée, ne serait plus une volonté libre, et donc ne serait plus une volonté du tout, puisqu'une autorité extérieure déciderait à sa place de son bon usage. Par où l'on voit qu'au sens strict, une volonté ne peut qu'être libre.

LA LIBERTÉ DE LA VOLONTÉ

Pour y voir plus clair, il ne sera pas inutile que je me fasse une conception juste de cette liberté de ma volonté. Cette liberté consiste en ce que nous pouvons choisir ou fuir, affirmer ou nier « en telle sorte que nous sentons qu'aucune force extérieure nous y contraigne », (ce qui est une façon de définir le *libre arbitre*[1]). La liberté de la volonté se

1. Le libre arbitre peut être défini comme capacité de décider spontanément, c'est-à-dire sans cause extérieure qui impose la décision (ce qui ne veut pas dire : sans réflexion). Il est donc la faculté d'être soi-même cause première.

présente donc comme *autodétermination*. Cette autodétermination peut prendre différentes formes :

– Soit par exemple que je me décide au hasard, sans aucune raison qui m'incline, et je suis alors dans le cas de cette « liberté d'indifférence » (liberté dans laquelle le choix se fait pour ainsi dire sans raison, sans que ce qui est choisi soit en soi préférable), dont Descartes signale que, contrairement à une illusion fréquente, elle est « le plus bas degré de la liberté[1] ». Nous confondons en effet souvent liberté et caprice injustifié. Il s'agit ici de comprendre que ces choix sans raison, tout en restant des choix, sont surtout l'effet d'une limitation de l'entendement et d'un mauvais usage de la volonté, qui à vrai dire, dans l'ignorance où elle se trouve, ne choisit pas vraiment, même si c'est elle qui décide. Car, peut-on dire qu'on choisit, quand on ne sait pas pourquoi on devrait plutôt pencher d'un côté que d'un autre ?

– Soit tout au contraire que je choisisse en pleine connaissance de cause, parce que la grâce divine ou la lumière naturelle m'indiquent où sont le vrai et le bon, et que je les élis — et alors, contrairement aux apparences, c'est là que je suis le plus libre. Car la liberté du jugement consiste à savoir pourquoi on a raison de choisir ce qu'on choisit.

Par exemple dans les *Méditations* précédentes, je me suis trouvé dans le doute, qui était une indétermination fort éloignée d'une liberté totale ; mais cette suspension du jugement était néanmoins un usage plus libre de ma volonté que lorsque, sans aucune raison fondée, je me laissais allègrement aller à soutenir mes préjugés ; et lorsque enfin j'ai fait l'expérience saisissante du *cogito*, « d'une grande clarté dans mon entendement, a suivi une grande inclination dans ma volonté ; et je me suis porté à croire avec d'autant plus de liberté, que je me suis trouvé avec moins d'indifférence[2] ». Si nous avons tendance à penser que nous sommes libres lorsque nous choisissons ce que nous choisissons sans aucune raison qui nous détermine, c'est que nous nous représentons notre raison comme une autorité extérieure à nous-mêmes à laquelle nous aurions à obéir. Or obéir à sa raison, c'est obéir à nul autre qu'à soi-même. Mais nous souhaiterions être comme les créateurs arbitraires du vrai et du bien — comme si nous voulions égaler la puissance de

1. *Cf.* p. 87. \ **2.** *Cf.* p. 88.

Dieu sans disposer de sa sagesse (ce qui, à bien y regarder, est un idéal de tyrannie). Ce fantasme de toute-puissance nous fait ignorer la vraie nature de notre liberté : celle-ci consiste à comprendre en quoi consistent le vrai et le bien et à y adhérer parce que nous voyons qu'ils sont le vrai et le bien — ce qui est proprement le choix le plus libre que puisse faire un homme, bien plus libre que lorsque, aveuglé par l'ignorance, il choisit n'importe quoi.

QUE DIEU N'EST EN RIEN RESPONSABLE DE NOS ERREURS

Nous comprenons désormais en quoi consiste un jugement : en ce que la volonté nie ou affirme librement les idées que l'entendement lui propose. Et nous voyons alors où est la source de nos erreurs, puisque l'entendement humain est fini et la volonté infinie. Celle-ci peut affirmer ou nier au-delà de ce que l'entendement lui présente clairement. Là où mon entendement ne conçoit rien de clair et de distinct, ma volonté devrait être indifférente à affirmer ou à nier, et je devrais par conséquent suspendre mon jugement. Mais je garde le pouvoir d'affirmer ou de nier, et j'en use alors parfois dans l'ignorance, d'où l'erreur.

Dieu ne peut donc être tenu pour responsable de ces erreurs. D'abord, parce que, *formellement* (c'est-à-dire si on examine sa quantité de réalité), l'erreur n'est rien : elle n'est pas un être, mais une absence de connaissance claire, c'est-à-dire un néant — et on ne peut donc dire que Dieu soit, directement ou indirectement, créateur de l'erreur, puisqu'en l'occurrence il n'a *rien* créé de tel. Ensuite, parce que Dieu m'a créé avec tout ce qu'il fallait pour éviter l'erreur : que je contienne ma volonté dans les limites de mon entendement et je ne me trompe plus jamais. Dieu ne m'a donc pas créé tel que je me trompe nécessairement, auquel cas il aurait bien été le responsable de mes erreurs. Enfin, parce que la liberté dont je dispose de former (et d'éviter) l'erreur est sans doute un avantage : que serais-je en effet si mon jugement était entièrement déterminé, de telle sorte que je ne me trompe jamais ? Dieu m'aurait alors créé infaillible, mais il ne m'aurait pas laissé libre, puisque ce n'est plus librement que j'aurais adhéré au vrai et au bien.

Travailler à faire le meilleur usage possible de ma volonté est donc mon affaire ; c'est ce que Descartes appellera dans *Les Passions de l'âme* « la générosité ». Celle-ci, pour être précis, consiste en ce que : le généreux « connaît qu'il n'y a rien qui véritablement lui appartienne, que cette libre disposition de ses volontés, ni pourquoi il doive être loué ou blâmé sinon pour ce qu'il en use bien ou mal et [...] qu'il sent en soi-même une ferme et constante résolution d'en bien user...[1] ». Autrement dit, si nous étions « nés coiffés », même par Dieu, nous n'aurions strictement aucun mérite et ne serions dignes d'aucune estime pour nous-mêmes... Ce qui me rend proprement estimable, ce n'est jamais ce qui m'est donné par nature ou ce dont j'hérite, mais ce qui relève de mon propre mérite. Celui-ci ne tient pas tant à mon intelligence par exemple, qu'à la façon dont je l'applique, qui dépend tout entière de l'usage que je fais de ma volonté. Et même lorsque je me suis résolu d'en faire le meilleur usage possible, je sais qu'il m'est arrivé et qu'il m'arrivera sans doute encore de faillir. Cela m'apprend à être indulgent avec autrui. C'est cette juste appréciation du mérite, qui dépend tout entier de la liberté de la volonté, que Descartes appelle « générosité ». Le risque de l'erreur (et de la faute) est donc la contrepartie de la vraie liberté humaine — ce qui n'est en aucun cas une excuse, puisque chacun en est seul responsable. En revanche, cela peut nous inciter à l'indulgence envers autrui, lorsque nous voyons que, malgré toute notre « bonne volonté », il nous arrive de faillir...

En tout cas, il n'est donc plus possible d'imputer, en quelque manière que ce soit, la responsabilité de mes erreurs à Dieu. Et même, à proprement parler, la limite de l'entendement ne peut lui être reprochée (comme si l'homme pouvait reprocher quelque chose à Dieu, ce qui supposerait qu'il se déclare meilleur juge que lui...) ; car cette limite n'est pas une privation, mais une négation : il est vrai que mon entendement n'est pas capable de tout comprendre, mais pour que cela soit une privation, il me faudrait pouvoir considérer que c'était dû à ma nature, comme les ailes sont dues à l'oiseau. Comme on l'a déjà vu, il me faut accepter ma véritable condition, qui tient le milieu entre le néant et la perfection, cesser en conséquence d'accuser Dieu pour ce qu'il ne m'a pas donné et le louer au contraire de ce qu'il m'a accordé.

---

1. *Les Passions de l'âme*, article 153.

QUE LES RÈGLES DE LA CERTITUDE EN SORTENT CONFORTÉES

Il me faut donc essentiellement retenir que Dieu n'est en aucune façon trompeur : il n'est responsable d'aucune de mes erreurs ; et je puis en conséquence conserver comme règle sûre que je ne dois accorder mon assentiment avec certitude qu'à ce que mon entendement conçoit clairement et distinctement. Car si l'indubitable était faux, alors Dieu m'aurait condamné à l'erreur. Il est vrai que mon attention éprouve des difficultés à se concentrer avec constance sur ce qui se manifeste à elle avec évidence et qu'elle tend par conséquent à l'oublier ou à se consacrer à des choses plus obscures. Mais ma mémoire me rend capable de rappeler à l'attention présente de mon esprit des pensées dont j'ai été ainsi contraint par ma nature de me détourner. Et dans la sphère de certitude que me révèle la clarté de l'évidence et que garantit l'effort pour séparer ces connaissances évidentes d'objets plus obscurs, j'ai l'assurance de ne point être trompé. L'expérience des *Méditations* précédentes m'a d'ailleurs révélé que j'étais capable de grands progrès en la matière. Progrès que je dois désormais poursuivre en cherchant à accroître le domaine de mes certitudes, ce que je peux faire avec d'autant plus de confiance que, sachant désormais que Dieu ne m'a pas condamné à l'erreur, je peux avec assurance considérer mes certitudes comme des vérités.

CINQUIÈME MÉDITATION

Toutes les garanties étant désormais assurées, je peux m'intéresser aux corps extérieurs. Conformément aux règles de méthode qui viennent d'être établies, il nous faut d'abord mettre au jour les idées claires et distinctes que nous avons de ces corps, avant de nous intéresser à la question de leur existence extérieure.

Le contenu de cette *Cinquième Méditation* peut cependant surprendre, si l'on considère que le titre nous annonçait un examen de « l'essence des choses matérielles ». Très vite, on s'aperçoit en effet qu'il ne s'agit pratiquement, dans cette méditation, que de raisonnements de géométrie abstraite et, une nouvelle fois, de l'existence de Dieu. Il y a évidemment à cela une explication.

L'ESSENCE DES CHOSES MATÉRIELLES

L'essence des choses matérielles, ce sont les idées claires et distinctes que mon entendement peut en produire, indépendamment (pour le moment) de la question de leur existence. Or, comme l'analyse du morceau de cire l'avait déjà laissé pressentir, les idées claires et distinctes auxquelles se réduisent les corps sont essentiellement des idées de nature mathématique, ou du moins quantifiable : espace, nombres, grandeurs, figures, mouvements, situations, durée ; tous les corps peuvent être distinctement identifiés grâce à ces diverses qualités quasi géométriques, en tout cas géométrisables[1].

Que ces idées renvoient ou non à une existence hors de ma pensée, on doit constater qu'elles conduisent à des *vérités*, qui ne peuvent donc pas être un pur néant. Ainsi, qu'il existe ou non des triangles dans le monde, j'ai en moi l'idée de triangle, d'où je déduis infailliblement certaines vérités, telle que la somme des trois angles qui est nécessairement égale à deux angles droits. Et on ne peut me rétorquer que je l'ai appris de ce que mes sens ont parfois perçu des triangles, car je peux déduire des vérités semblables à propos de figures dont je ne saurais prétendre qu'elles aient un jour été perçues par mes sens et dont je suis même incapable de fournir une image exacte, comme ce sera le cas du chiliogone (figure à mille côtés) qui sera évoqué au début de la *Sixième Méditation* : tout le monde comprend (conçoit par l'entendement) ce que je veux dire lorsque je le définis, personne ne l'a jamais perçu (par les sens) ni imaginé (par l'imagination qui donne une représentation sensible des idées). Je peux donc dire qu'il y a des raisonnements purs (indépendants de l'expérience et reposant donc sur des idées innées) qui m'enseignent des vérités claires et distinctes à propos de l'essence (géométrique) des corps. Ces vérités sont du reste, on le remarque à présent, celles dont j'avais eu le plus de mal à

1. Descartes est considéré, par ailleurs, et à juste titre, comme l'un des fondateurs de la physique mathématique, dans le cadre de la « révolution galiléo-cartésienne » ; nous en voyons ici le fondement métaphysique.

douter dans la *Première Méditation*. Je n'y étais précisément parvenu qu'en recourant aux hypothèses extrêmes du Dieu trompeur ou du malin génie.

TROISIÈME PREUVE DE L'EXISTENCE DE DIEU (PREUVE « ONTOLOGIQUE[1] »)

Les remarques précédentes me font alors apercevoir que, du fait que les qualités claires et distinctes d'une chose lui appartiennent nécessairement, je peux justement produire une nouvelle preuve de l'existence de Dieu : comme je trouve en moi l'idée du triangle et j'en déduis certaines propriétés, je trouve en moi l'idée de Dieu et j'en déduis l'existence nécessaire. En effet, l'existence appartient nécessairement à l'idée d'un être parfait ; sinon ce ne serait pas un être parfait, mais incomplet, que je concevrais.

Descartes répond par avance à quelques objections qu'on pourrait vouloir faire (et qu'en réalité on lui fera) à cette nouvelle démonstration :

1. Du fait qu'on a pris l'habitude légitime de séparer l'essence et l'existence de toutes les autres choses, on voudra en faire autant ici, et accuser le raisonnement cartésien de sophisme ; mais pourtant : « l'existence ne peut non plus être séparée de l'essence de Dieu, que l'essence d'un triangle rectiligne de la grandeur de ses trois angles égaux à deux droits, ou bien de l'idée d'une montagne celle d'une vallée[2] ». On objectera alors que de ce que je ne peux concevoir une montagne sans une vallée, il ne s'ensuit pas qu'une vallée existe, chaque fois que je conçois une montagne... Descartes reconnaît cela, mais souligne alors que c'est l'idée même d'existence qui est inséparable de celle de Dieu, et que par conséquent, par une nécessité qui s'impose à moi et qui est inhérente à l'idée de Dieu, il m'est impossible de le concevoir clairement et distinctement autrement que comme existant, et donc il existe nécessairement.

2. On objectera alors qu'évidemment, si j'attribue par avance toutes les perfections à Dieu, l'existence se trouvera du nombre, mais que cette attribution n'était pas nécessaire. Ainsi, si je décrète par avance que tous les quadrilatères sont inscrits dans un cercle, et que je conçois

1. Du grec *ontos* : l'être. La preuve ontologique déduit l'être de Dieu de l'examen de son idée. \ 2. *Cf.* pp. 100-101.

ensuite un losange, je serai contraint d'en conclure *à tort* qu'il est inscrit dans un cercle. Mais, répond Descartes, l'idée de quadrilatère ne se donne pas à moi de telle sorte qu'elle contienne nécessairement le fait d'être inscriptible dans un cercle ; tandis que l'idée de la perfection divine m'est nécessairement donnée avec celle d'existence — et cela, ce n'est pas moi qui le décrète ; la preuve en est que cela ne m'arrive qu'avec l'idée de Dieu ; que cette idée de perfection totale exclut même qu'il puisse y avoir deux idées différentes de Dieu (et donc deux dieux), car la perfection n'admet aucune altérité (ce serait le signe d'un manque) ; que cette perfection implique aussi, sans que je le décide, l'éternité et qu'à cette idée de perfection divine, je ne puis rien ajouter ni enlever. Tout cela est perçu clairement et distinctement par mon esprit[1].

LA VÉRACITÉ DIVINE

L'idée de Dieu et le principe selon lequel ce qui est clair et distinct est vrai se renforcent donc réciproquement depuis la *Troisième Méditation*. Mais je puis désormais en tirer les bénéfices : les raisonnements précédents m'ont convaincu que, s'il n'y avait pas de Dieu, aucune science certaine ne serait possible. Certes, les évidences maintenant claires et distinctes me resteraient subjectivement indubitables. Mais, comme le remarquait déjà la *Quatrième Méditation*, l'attention ne peut rester constamment fixée sur une idée. Sitôt que j'en détournerais ma pensée pour examiner une autre idée, je ne serais plus si certain de l'avoir clairement perçue et il ne serait guère difficile de m'en faire à nouveau douter. Or mon esprit est tel qu'il raisonne nécessairement dans la durée, parce qu'il n'embrasse que peu d'idées à la fois. Toutes les vérités que je découvre maintenant pourraient donc être mises en doute tout à l'heure.

---

1. Parmi les réfutations les plus célèbres de cette démonstration cartésienne, figure celle de Kant, en particulier dans la *Critique de la raison pure* (« Dialectique transcendantale », PUF, 1971, pp. 425-431), qui refuse de confondre la nécessité des jugements avec celle des choses. Ce que Descartes démontre tout au plus, c'est que l'Idée d'existence appartient nécessairement à l'Idée de Dieu, mais l'idée d'existence n'est pas une existence... Et, du reste, l'existence elle-même n'ajoute absolument rien à l'idée d'une chose. Cette réfutation porte donc également contre la première preuve de l'existence de Dieu, car si l'on refuse de donner une réelle consistance ontologique (un « poids d'être ») à la notion de réalité objective, alors il n'est pas vrai que l'idée de perfection, qui n'est qu'une idée, doive avoir pour cause une existence réelle.

Tandis que si je sais qu'il existe un Dieu, et qu'il n'a pu positivement vouloir que je me trompe sans remède, il me suffira de me souvenir que j'ai perçu clairement et distinctement une idée pour être assuré qu'elle est vraie, et être prémuni contre l'erreur et contre le doute, sans avoir à me remettre sans cesse dans les dispositions qui me l'avaient fait voir clairement et distinctement. Si, comme le fait Descartes, on appelle *intuition* l'opération par laquelle l'esprit perçoit une évidence (une vérité claire et distincte), on peut dire que l'assurance de l'existence d'un Dieu qui n'a pas pu me condamner à l'erreur vient non seulement conforter mes intuitions, mais me permet désormais de prendre également appui sur la mémoire de ces évidences afin de construire des raisonnements fiables sous forme de chaînes déductives.

À partir de tout ceci, il me devient effectivement possible, chaque fois que j'en éprouve le besoin, d'élaborer une multitude de sciences certaines, quoique abstraites, si l'on veut dire par là qu'elles sont par essence fondées sur des idées innées, préservées des impuretés de l'expérience sensible. C'est désormais armé de ces instruments de pensée que l'auteur pourra aborder la question de l'existence de son corps, mais aussi des corps extérieurs à son corps, et des rapports des uns et des autres avec l'âme.

SIXIÈME MÉDITATION

La dernière *Méditation* va se fixer désormais pour but de dissiper, autant que possible, le doute portant sur la fiabilité des sens et sur l'existence de choses matérielles extérieures au sujet pensant.

Par la voie d'un examen de la nature de l'imagination, elle commence par établir la haute probabilité de l'existence des corps.

Elle se livre ensuite à un nouvel inventaire des arguments qui donnaient à penser, avant l'entreprise des *Méditations*, que des corps existaient, et à un rappel des raisons d'en douter qui ont suivi.

Puis, par un recours à la lumière naturelle, sera énoncé le principe capable d'établir l'existence de ce qui portera le nom de *substance*. Descartes appliquera aussitôt ce principe pour établir l'existence d'une *substance pensante*, puis, enjeu de cette méditation, d'une *substance corporelle*, indépendante de la précédente. À partir de quoi il deviendra possible de produire une preuve de l'existence des corps.

La fin de la *Méditation* développera alors une théorie du « sentiment », analysera sa nature, et s'attardera à considérer l'union consubstantielle de l'âme et du corps dont il est l'expression. Il deviendra alors possible d'établir ce que m'enseignent exactement ces sentiments et pourquoi ils sont d'une nature telle qu'ils puissent parfois m'induire en erreur ; j'apprendrai enfin comment il est toujours également possible d'éviter ou de corriger les erreurs qu'ils provoquent.

L'IMAGINATION

Il s'agit donc de produire de l'existence extérieure des corps une conception suffisamment claire et distincte pour que je n'en puisse plus douter.

À cet effet, je constate d'abord que je suis doté d'une faculté particulière, l'imagination, qui est fort distincte de la faculté de concevoir, et qui consiste à appliquer ma faculté générale de connaître aux corps, de manière suffisamment intime pour que j'aie le sentiment de leur existence. Ainsi, concevoir ou imaginer un triangle sont deux choses très différentes. Je m'en aperçois si je considère que je peux concevoir un chiliogone (figure à mille côtés), mais que je ne puis l'imaginer (c'est-à-dire en produire une image corporelle exacte). Tout le monde conçoit clairement ce qui est défini lorsqu'on parle d'une figure à mille côtés, mais personne ne peut en produire une image mentale. Cela prouve donc que l'imagination est inutile à la conception. Il est en conséquence fort probable que son existence en moi a une raison : Dieu ne fait pas les choses en vain. Cette existence se justifie donc sans doute par l'existence de corps, ou de certaines qualités corporelles, qu'elle permettrait ainsi d'appréhender. Cela n'établit pas encore une certitude, mais la probabilité est déjà fort utile à la vie quotidienne.

LA CRÉDIBILITÉ PREMIÈRE DES IDÉES SENSIBLES

Mais puisque ce n'est là que probabilité, il me faut reconsidérer les choses avec plus de méthode. Je me rappelle donc que j'avais diverses idées que je concevais *comme* reçues des sens. Il y avait ainsi l'idée de mon corps et de ses parties ; celles de corps extérieurs ayant des qualités qui me les rendaient désirables ou non par le plaisir ou la douleur qu'ils me procuraient ou du moins que j'en attendais ; celles de passions et de besoins que mon être éprouvait (faim, soif, joie, tristesse, colère, etc.) ; il y avait également les idées claires des qualités géométriques des corps, mais aussi leurs qualités « secondes » (dureté, chaleur, odeurs, saveurs, etc.), qui résultent de la relation de ces corps avec mes sens.

Les deux grandes raisons que j'avais de croire que toutes ces idées renvoyaient à une origine extérieure étaient qu'elles semblaient s'imposer à moi, et que j'avais une inclination naturelle à croire qu'elles existaient. Descartes rappelle alors ces autres raisons qui, contre celles-ci, m'avaient conduit à douter et de l'existence de corps extérieurs perçus par les sens, et de l'existence de mon propre corps : les sens extérieurs produisent des illusions (d'optique par exemple) ; le sentiment de mon propre corps est lui-même parfois illusoire : ainsi les amputés éprouvent-ils des douleurs dans les membres qu'ils n'ont plus ; le rêve produit des sentiments aussi vivaces que la veille ; ma nature m'incline souvent dans des directions que mon entendement réprouve ; etc.

LA SUBSTANCE PENSANTE

Il faut désormais reprendre les choses selon l'ordre. Or la lumière naturelle m'enseigne que tout ce que je conçois clairement et distinctement peut être produit par Dieu tel que je le conçois. Par conséquent, « il suffit que je puisse concevoir clairement et distinctement une chose sans une autre, pour être certain que l'une est distincte ou différente de l'autre[1] ».

Principe que Descartes applique aussitôt : le *cogito* m'a révélé que je pouvais me concevoir comme un être pensant, en excluant toute qualité corporelle. Il existe donc une *substance* pensante, totalement distincte du corps. Comme l'expliqueront de façon plus développée, par exemple, les *Principes de la philosophie*, une substance est en effet définie comme ce qui peut se soutenir soi-même dans l'existence sans avoir besoin d'être soutenu par autre chose. On devrait donc supposer qu'il n'y a à strictement parler qu'une seule substance : Dieu. Mais, dans la mesure

1. *Cf.* p. 119.

où il est possible de concevoir clairement et distinctement l'âme indépendamment de toute autre chose, comme l'a montré la *Deuxième Méditation*, on peut, par dérivation, la considérer comme une réalité absolument distincte du corps et parler ainsi, en ce sens dérivé, d'une substance pensante[1].

LA SUBSTANCE CORPORELLE ; DÉMONSTRATION DE L'EXISTENCE DES CORPS

De la même façon, je trouve en moi des facultés telles que celle de se mouvoir, qui doivent être rapportées à une substance, mais n'exigent nullement la pensée pour exister. Cela établit l'existence de la substance corporelle, *distincte de la pensée* et indépendante d'elle.

De plus, je trouve en moi une faculté de percevoir les choses sensibles, qui ne peut être conçue sans ma pensée, *mais ne peut s'y réduire*. Cette faculté ne se justifierait pas s'il n'y avait pas de corps. Cela établit non seulement l'existence de corps extérieurs, mais encore celle de mon propre corps, par lequel je perçois ces corps extérieurs.

En effet, je conçois tout cela clairement et distinctement. Il me faut donc reconnaître que ces idées ont une cause formelle extérieure (c'est-à-dire des corps) ; ou alors que c'est Dieu qui, directement ou indirectement, est la cause de ces idées, sans qu'il y ait des corps — mais cela n'est pas possible, car il serait alors la cause directe de mes erreurs des sens. Or on a vu *(Quatrième Méditation)* que Dieu ne pouvait pas être trompeur. Il y a donc des choses corporelles qui existent extérieurement à ma pensée, et que je connais par l'intermédiaire de mes sens.

CE QUE M'ENSEIGNENT LES SENTIMENTS

Toutefois, qu'elles existent extérieurement à moi ne signifie pas que je les perçoive telles qu'elles sont ; il me faut donc à présent examiner ce point.

J'ai déjà vu que je comprenais clairement et distinctement les corps par la pensée, à l'aide de leurs qualités géométriques. Il me faut donc comprendre à quoi servent mes sentiments et, puisque Dieu n'est pas trompeur, il me faut trouver les moyens d'éviter qu'ils m'abusent.

---

1. *Cf.* plus spécialement les articles I, 51 à 56 des *Principes de la philosophie*.

Je dois admettre que tout ce que la nature (c'est-à-dire d'abord Dieu, ou l'ordre qu'il a mis dans les choses et dans moi-même) m'enseigne, contient une part de vérité et d'utilité.

La « nature » désigne, d'autre part, ici la coïncidence constatée, mais inexplicable, entre ce qui apparaît comme une affection du corps (plaisir, douleur, trouble de l'estomac, sécheresse du gosier...) et une affection de l'âme (joie, tristesse, désir de manger, de boire...). De même, il est vrai, le sentiment de conformité entre les objets *perçus comme par les sens* et les jugements portés sur eux, paraît *naturel* puisqu'il se forme indépendamment de tout jugement réfléchi de ma part. Mais l'expérience des illusions des sens, qui vient d'être rappelée, montre que ce lien apparemment naturel n'est pas une garantie de conformité entre les objets des sens et les jugements irréfléchis ou affections qu'ils suscitent dans mon âme.

Or, par le sentiment (besoin, aversion, douleur, plaisir, peine, joie, etc.) la nature m'enseigne qu'il y a des corps qui conviennent au mien, et d'autres qui lui sont nuisibles. Et c'est bien là la fonction essentielle du sentiment : c'est lui qui me permet de gérer de la façon la moins incommode les relations entre mon corps et les corps extérieurs.

L'UNION DE L'ÂME ET DU CORPS

Par ailleurs, les sentiments m'enseignent que mon corps et mon âme sont intimement mêlés l'un à l'autre, non comme un pilote dans un navire, mais confondus et mêlés (de manière incompréhensible puisque, on vient de le voir, ce sont deux substances distinctes). Car l'être que je suis, qui a été appréhendé avec certitude jusqu'à présent comme une âme, une pensée, souffre réellement lorsqu'une partie quelconque de mon corps est blessée — tandis que ce n'est que mentalement et *à distance* que le pilote connaît qu'une partie du navire est brisée. Il y a donc une union consubstantielle de l'âme et du corps, et le sentiment est le moyen par lequel je connais tout ce qui est nécessaire ou nuisible à la survie de cette unité. J'apprends donc par les sentiments, qu'il y a des qualités variées dans les corps (odeurs, saveurs, etc., me les révèlent incontestablement), qui les rendent désirables ou non à ce composé psycho-physique que je suis.

CE QUE LES SENS NE M'ENSEIGNENT PAS

Mais je dois aussitôt remarquer que cela ne m'enseigne nullement que les choses sont comme je les perçois : la chaleur d'un corps, par exemple, en me brûlant, m'indique que je dois l'éviter ; cela ne prouve cependant pas qu'il existe une réelle qualité extérieure, la chaleur, qui serait telle que je me la représente. *A fortiori*, je ne pourrais déduire, du fait que je ne perçois rien, que j'ai affaire à une réalité positivement vide.

En raisonnant ainsi, je confondrais le *sentiment*, qui est la faculté de percevoir l'utile et le nuisible, et qui permet une conduite « prudente », avec ma faculté de connaître la nature réelle des choses extérieures, qui est mon *entendement*. Et par cette confusion, j'outrepasse mes droits. La prudence en effet, qui est l'art de gérer sa vie le moins mal possible — ce qui est évidemment très précieux —, ne s'élève pas, chez un être imparfait comme l'homme, jusqu'à la rigueur de la science.

L'ILLUSION DES AMPUTÉS ET LA SOIF DES HYDROPIQUES

Cependant, il existe certaines expériences qui me conduisent à penser que le sentiment me trompe parfois d'une manière telle que je ne peux éviter l'erreur, et donc ma nature n'est peut-être pas si avantageusement organisée que j'ai voulu le croire jusqu'ici.

Ainsi, à nouveau, l'illusion des amputés déjà rencontrée, qui fait éprouver de la douleur dans un membre qu'on n'a plus... Ou bien le cas des hydropiques, qui ont le sentiment de la soif alors que la boisson sera nuisible à leur santé. Leur nature n'est-elle pas mauvaise et mal faite ?

À cela Descartes répond par deux types d'arguments, puis expose comment éviter ces erreurs du sentiment :

a. Les sentiments sont des inclinations qui doivent répondre à des lois naturelles, c'est-à-dire générales. Ils ne peuvent donc se régler que sur les cas les plus fréquents (c'est-à-dire statistiquement « normaux »). En effet, les lois de la nature étant générales, il est souhaitable qu'elles procèdent par des mécanismes dont les effets soient le plus souvent bénéfiques, quitte à être nuisibles dans les cas exceptionnels (la maladie, l'amputation, etc.). Ainsi, de ce que les hydropiques éprouvent une soif qui leur est nuisible, il serait déraisonnable de souhaiter une transformation des mécanismes naturels de la soif, d'où le plus grand nombre d'hommes s'en trouverait perturbé, au point, n'éprouvant plus la soif, de tous mourir de déshydratation...

b. Ces mécanismes généraux du sentiment passent par un système physiologique (le système nerveux) qui est centralisé par le cerveau. Celui-ci, par un mécanisme encore mystérieux, communique à l'âme les impressions du corps. Or une fibre nerveuse est soumise, comme tout corps, aux lois naturelles de la communication du mouvement et elle ne peut transmettre au cerveau qu'un même type, toujours identique, de sentiment : ainsi, la fibre qui relie tactilement le pied au cerveau, si elle est excitée au niveau de la moelle épinière, communique cependant au cerveau une douleur du pied. D'où l'illusion des amputés. Mais, là encore, la nature, qui ne procède que par voies générales, a fait les choses de la manière la plus conforme à l'ordre normal, qui est le plus souhaitable.

LA FIN DES DOUTES MÉTHODIQUES ET L'ASSURANCE DE POUVOIR BIEN JUGER

Enfin, Descartes achève cette *Sixième Méditation* en remarquant que, la bonté divine ayant fait tout ce qui est nécessaire pour que nous ne soyons pas trompés, chaque fois que nous sommes suffisamment attentifs, elle nous a pourvus de différentes formes de sentiments, qui peuvent se corriger les uns par les autres. Cela permet au passage d'anéantir l'argument du rêve : car jamais les choses ne sont si cohérentes entre elles dans le rêve que dans la réalité et, surtout, jamais ce dont je rêve ne se révèle totalement cohérent avec ce que je vis éveillé et ce que je juge sainement. Si bien qu'il deviendrait désormais déraisonnable que je doute de la réalité des choses que je perçois, dès lors que ces perceptions sont en relation de cohérence avec le reste de mon expérience et de mes jugements sains.

Par ailleurs, n'oublions jamais que nous sommes pourvus de la faculté de raisonner, qui est la seule possibilité que nous ayons de connaître la nature exacte des choses. Les sentiments, nous l'avons vu, ne prétendent pas nous donner accès à la connaissance de cette nature. Ils ne font que nous donner des repères pour vivre au quotidien. Et la science, nous le savons désormais, passe toujours par le détour théorique des idées claires et distinctes. Nous possédons grâce à elle un moyen solide de déjouer les pièges du sensible. Tout cela nous permet donc d'éviter les erreurs dues aux sentiments et nous pouvons lever le doute (désormais « ridicule », dit Descartes) qui pesait sur eux. Mais ce sont les nécessités de la vie qui nous incitent trop souvent à des jugements précipités, sources de ces erreurs que nous avons pourtant le pouvoir d'éviter — ce qui explique que notre nature soit si souvent faillible... Les *Méditations métaphysiques* devraient nous avoir convaincus que cette faillibilité ne nous condamne pas nécessairement à ces erreurs : celles-ci peuvent toujours être évitées, au prix du respect de quelques règles simples et d'un effort (il est vrai considérable...) de rigueur dans la pensée et dans la conduite de la vie.

L'ouvrage s'achève ainsi en nous laissant en un sens comme il nous avait pris, après avoir levé les doutes par lesquels il s'était inauguré et en ayant rétabli tour à tour la certitude de mon être pensant, la preuve de l'existence d'un Dieu qui garantit à son tour mes certitudes, l'assurance que mes jugements peuvent s'ils sont rigoureux se garder de toute erreur, la conscience claire de l'existence de mon corps, l'aptitude à recevoir les leçons du sentiment... Mais ce mouvement continu de restitution progressive est loin d'être vain si le gain inégalable de ce travail de méditation fait que mon esprit, loin d'être, comme il l'était jusqu'ici, soumis à une multitude d'autorités étrangères, est désormais devenu maître en sa propre demeure et responsable de ses pensées — ce qui, pour peu qu'il respecte ses propres règles, le place à l'abri des préjugés. Si la métaphysique s'arrête ici, une autre aventure peut commencer, qui consistera à en exploiter les enseignements pour s'avancer dans la connaissance du monde et pour régler au moins mal sa vie...

OUTILS COMPLÉMENTAIRES

GLOSSAIRE

ACCIDENT/ATTRIBUT

Un accident est une qualité qui peut caractériser une chose, mais qui ne lui est pas essentielle, c'est-à-dire qui ne la fait pas changer de nature, si elle-même change. Voir par exemple l'analyse du morceau de cire, à la fin de la *Deuxième Méditation* : la cire peut changer de couleur, de saveur, etc., sans changer de nature. Couleur, saveur... sont donc des accidents. Parce qu'elle est un corps, l'essence de la cire est celle de la substance corporelle : son attribut essentiel est l'étendue. Couleurs, saveurs, odeurs, etc., ne sont que des qualités accidentelles dont la *Sixième Méditation* révélera qu'elles sont dues à l'effet de l'action du corps extérieur sur le mien, puis de celui-ci sur mon âme. Rien ne prouve par conséquent qu'elles renvoient à la réalité extérieure telle qu'elle est exactement.

Cf. aussi Substance.

ÂME

L'âme, dans la philosophie de Descartes, c'est l'esprit, dont l'homme seul, parmi toutes les créatures, est doté (voir aussi : *Discours de la méthode*, 6e partie ; lettre au marquis de Newcastle du 23 novembre 1646 et lettre à Henri More, du 5 février 1649). L'expérience du *cogito*, première rencontre avec la certitude, montre à quel point la pensée est en effet essentielle à l'homme, à tel point que « Je » et « moi » désigneront le plus souvent dans les *Méditations* ma faculté de penser : mon âme, qui est essentielle à mon être total.

Le *cogito* est en même temps l'occasion de montrer que l'âme, qui peut être l'objet d'une entière certitude alors même que l'existence du corps est totalement mise en doute, est une substance indépendante de celui-ci. Cela ne prouve pas son immortalité, mais assure au moins qu'elle peut continuer à exister après la mort du corps, puisqu'elle n'en est pas dépendante.

L'âme se distingue par ailleurs de la substance corporelle en ce qu'elle n'est pas divisible — ce qui prouve qu'elle est immatérielle. En effet, il est toujours possible de concevoir la division d'un corps en diverses parties, si petit soit-il. Il n'est en revanche pas pensable de diviser l'âme. La *Sixième Méditation* soulignera dans le même esprit qu'elle est tout entière dans chaque partie du corps auquel elle est associée (voir « Union de l'âme et du corps » dans ce Glossaire). Enfin, pour les mêmes raisons, l'âme n'entretient pas le même type de rapport que le corps avec ses accidents. Que les parties ou la composition du corps changent, et celui-ci change également, tandis que pour l'âme, « encore que tous ses accidents se changent, par exemple, qu'elle conçoive de certaines choses, qu'elle en veuille d'autres, qu'elle en sente d'autres, etc., c'est pourtant toujours la même âme. » (« Abrégé des Six Méditations », p. 18.)

Chez l'homme, l'âme est associée au corps, comme le montre la *Sixième Méditation*, qui établit en particulier que cette union est à l'origine des mécanismes qui produisent les sentiments, pour la sauvegarde de l'individu, lequel est un composé d'âme et de corps.

CERTITUDE

Chez Descartes, la certitude doit toujours s'entendre au sens fort. En effet, la certitude est, selon la signification la plus commune, un état subjectif, qui peut tout à fait porter sur des idées fausses. Mais la mise en œuvre du doute, par laquelle tout ce qui n'est pas absolument certain, tout ce qui contient le moindre soupçon d'incertitude, est révoqué comme s'il était faux, nous assure que si l'on est par la philosophie cartésienne certain de quelque chose, ce sera pour d'excellentes raisons. *A fortiori* lorsque la démonstration de l'existence d'un Dieu non trompeur nous aura assurés dès lors que nos certitudes sont réellement fondées sur des évidences, il est totalement impossible que nous nous trompions (*cf.* aussi Évidence et Dieu, « Dieu vérace »).

On se gardera cependant de prêter à Descartes le projet naïf de vouloir être certain de tout. La connaissance humaine rencontre de multiples limites. Si le philosophe entreprend de n'adhérer avec certitude qu'à ce qui est fondé en raison, il n'ignore pas pour autant que l'existence humaine, hors les temps de méditation dont nous avons ici l'exemple, doit souvent se fonder sur de simples probabilités. En effet, il faut bien vivre, même lorsqu'on ne parvient pas à la certitude, comme le montre la théorie du sentiment évoquée dans la *Sixième Méditation*, et comme l'établit encore plus clairement la « morale par provision » de la troisième partie du *Discours de la méthode*.

COGITO

Le *cogito*, l'expérience « je pense, je suis », est sans doute l'élément le plus connu de la philosophie cartésienne. La lecture attentive de la *Deuxième Méditation* permet de comprendre que l'intérêt philosophique de cette expérience de l'esprit, malgré les apparences premières, n'est pas la découverte par le sujet de son existence, même si cette découverte est importante, mais réside dans le fait que le *cogito* est, dans l'économie des *Méditations*, la première expérience de la certitude. Il constitue un coup d'arrêt au travail de mise en doute de la *Première Méditation* à partir duquel le reste de l'ouvrage reconstruira patiemment, mais désormais sûrement, l'espace de ses certitudes fondées en raison. Le *cogito* établit en même temps dans l'esprit de Descartes la priorité de l'âme sur le corps puisque, révélant qu'il est possible de douter de l'existence du corps, mais non de celle de l'âme, il me permet de comprendre que ma pensée m'est beaucoup plus essentielle que mon corps. C'est également à partir de cette expérience du *cogito* que Descartes établit, sinon comme il le prétendait initialement l'immortalité, du moins l'indépendance de l'âme par rapport au corps, ce qui rend au moins possible qu'elle demeure lorsque meurt ce corps auquel elle est associée.

CORPS

Il ne faut surtout pas commettre le grave contresens qui tendrait à faire de Descartes un immatérialiste : si le corps est d'abord mis en doute par la démarche métaphysique, c'est afin de mieux pouvoir le retrouver ensuite, cette fois sous le mode de la certitude, ou du moins de ce qui, à son propos, peut être connu avec assurance. Le doute qui porte sur le corps conduit à terme à une science des corps (physique et, pour les corps vivants, médecine) et à une théorie des passions et de leur maîtrise (morale).

1. Le corps, objet de doute

Le corps, les corps extérieurs et l'expérience sensible qui dépend d'eux sont les premières victimes du doute méthodique, parce que, d'une part, ils sont la première source de préjugés (« Tout ce que j'ai reçu jusqu'à présent pour le plus vrai et assuré, je l'ai appris des sens, ou par les sens », *Première Méditation*, p. 26 : ce qui ne signifie pas que les sens sont la source de la connaissance, mais qu'ils sont abusivement reçus pour tels tant qu'on n'a pas pris la décision de juger fermement). Et, d'autre part, parce que, depuis des siècles, on sait bien que les sens sont souvent trompeurs, comme le montrent par exemple les illusions d'optique. Pour être plus précis, il faut dire, comme le lecteur le comprend dès la fin de la *Deuxième Méditation* et plus encore au cours de la *Quatrième Méditation*, que les impressions sensibles en elles-mêmes ne sont pas fausses, aussi longtemps qu'on les considère comme de simples modalités de la pensée, sans préjuger d'aucune réalité extérieure à ce qui est pensé. L'erreur est introduite à partir du moment où nous sommes enclins à juger que les choses sensibles sont comme nous les sentons (*cf.* aussi Jugement, Erreur).

2. La connaissance des corps

Il existe cependant une possibilité de connaître les corps, et ce sera l'objet de la physique, science de la nature. C'est que nous pouvons entretenir deux types de rapport aux corps extérieurs : par le moyen des sens et par la pensée pure, qui seule peut les connaître clairement et distinctement (*cf.* aussi Sensible/Sentiments).

Dès la fin de la *Seconde Méditation* l'analyse du morceau de cire nous révèle non que la cire serait une illusion, mais que les corps sont plus faciles à connaître par la pensée que par les sens, grâce à « la seule inspection de l'esprit » : « à proprement parler nous ne concevons les corps que par la faculté d'entendre qui est en nous et non point par l'imagination ni par les sens, et [...] nous ne les connaissons pas de ce que nous les voyons, ou que nous les touchons, mais seulement de ce que nous les concevons par la pensée. » (*Deuxième Méditation*, p. 49.) Déjà, il apparaît que l'essence de la cire réside non dans ses qualités muables, mais dans son extension (étendue, figure, mouvement). La *Cinquième Méditation* confirmera cela : ce sont les propriétés de l'étendue, et elles seules, qui permettent de penser les corps par la voie d'idées claires et distinctes. C'est du reste cette réduction métaphysique de la matière à l'étendue qui a permis à Descartes, dans le cadre de ce qu'on a appelé la révolution scientifique galiléo-cartésienne, de fonder une physique mathématique, puisque les propriétés de l'étendue sont géométrisables et quantifiables.

3. L'expérience humaine du corps

En revanche, les sens ne peuvent rien nous enseigner sur l'essence des corps. La *Sixième Méditation*, après avoir établi la certitude intellectuelle de l'existence des corps, débouche sur la théorie du sentiment sans remettre en question les principes de connaissance établis précédemment. Tout ce que nous enseignent les sentiments, c'est le caractère utile ou nuisible à notre existence de tel ou tel corps qui nous entoure. Mais la connaissance de sa vraie nature reste assujettie à un détour par la pensée rigoureuse.

Se pose cependant plus spécialement le problème du corps humain. D'une part, ce corps est périssable, contrairement sans doute à la substance corporelle en général : « Le corps, pris en général, est une substance, c'est pourquoi il ne périt point, mais [...] le corps humain, en tant qu'il diffère des autres corps, n'est formé et composé que d'une certaine configuration de membres, et d'autres semblables accidents. » (« Abrégé des Six Méditations », p. 19.) C'est pourquoi, contrairement à l'âme, qui n'est pas modifiée dans son essence par ses accidents (*Cf.* aussi Âme, Accident, Substance), il est manifestement mortel.

D'autre part, le corps humain est étroitement uni à une âme, et c'est le composé des deux qui explique par exemple les mécanismes du sentiment ou de la passion (*Cf.* aussi Union de l'âme et du corps).

DIEU

Dans l'économie générale des *Méditations*, le recours à la notion de Dieu apparaît tour à tour comme une hypothèse radicale, un artifice efficace dans le cadre de la méthode du doute, puis comme une idée innée et, à partir de l'expérience mentale de cette idée, comme une réalité absolue et parfaitement démontrée.

1. Dieu trompeur et malin génie

Dans le cadre du doute méthodique et progressif qui anime la *Première Méditation*, le sujet méditant rencontre un type de pensées si simples que, dans un premier temps, il ne parvient pas à les considérer comme susceptibles d'être incertaines : « Car, soit que je veille ou que je dorme, deux et trois joints ensemble formeront toujours le nombre de cinq, et le carré n'aura jamais plus de quatre côtés ; et il ne semble pas possible que des vérités si apparentes puissent être soupçonnées d'aucune fausseté ou d'incertitude. » (p. 29) D'où le recours à une hypothèse, qui n'est peut-être elle-même qu'un songe, mais dont rien ne prouve jusqu'ici qu'elle soit fausse : celle d'un être infiniment puissant, qui aurait le pouvoir de me tromper même face à de telles vérités. Descartes n'a évidemment jamais cru à l'existence d'un tel « Dieu trompeur » ou « mauvais génie » : il s'agit simplement de mettre le sujet méditant en situation psychologique de douter face à des vérités qui jusqu'à présent ont continué de lui résister. Toute la force du *cogito* consiste précisément en ce qu'il résiste à son tour même à des hypothèses aussi extrêmes et « métaphysiques ».

2. Preuves de l'existence de Dieu

Dès lors, on comprend que la démonstration de l'existence de Dieu relève d'un enjeu de vérité : tant que pèse sur les certitudes du sujet pensant cette hypothèque que constitue la possibilité d'existence d'un dieu trompeur, ces certitudes subjectives ne pourront pas être considérées comme des vérités objectives. Les preuves de l'existence de Dieu (*cf.* Thèmes et problématiques, pp. 173-176 et p. 184) instituent donc bien évidemment une expérience qui ne peut être sans aucune relation avec la religion ou la morale, mais leur principale fonction dans les *Méditations* n'est pas là : il s'agit d'instituer un rapport fiable avec la vérité. En même temps, la démonstration de l'existence de Dieu est, dans le trajet des *Méditations*, la première rencontre certaine d'un être extérieur à mon esprit (*cf.* aussi Réalité). Le Dieu dont il est question ici est donc aussi, et peut-être d'abord, un Dieu de philosophe et de savant, avant d'être un objet de foi. Du reste, Descartes, il est vrai non sans quelques ambiguïtés, s'est défendu d'avoir voulu empiéter sur le domaine religieux, qui selon lui ne relève pas directement de la philosophie, bien que cette dernière puisse parfois conforter la cause de la foi et ne vise jamais officiellement à la contredire.

3. Dieu vérace

Cette fonction épistémologique de l'idée de Dieu est ce que Descartes appelle la véracité divine : si j'ai été créé par un Dieu parfait, je peux être certain qu'une idée est vraie chaque fois qu'il m'a mis dans l'impossibilité absolue de la mettre en doute. Il s'agit pour ainsi dire d'un retournement complet de l'hypothèse initiale qui faisait de l'Être tout-puissant un argument en faveur du doute, portant même sur les idées qui résistaient à ce doute avant cette hypothèse. Par ce renversement : « Je découvre un chemin qui nous conduira de cette contemplation du vrai Dieu (dans lequel tous les trésors de la science et de la sagesse sont renfermés) à la connaissance des autres choses de l'Univers. » (*Quatrième Méditation*, pp. 81-82.)

4. Le Dieu de la religion

Toutefois, Dieu n'en est pas moins d'abord objet de foi et de révélation. De ce point de vue, Descartes, sans doute pas seulement par une prudence obligée à l'époque, prend toujours garde de souligner à quel point il s'interdit toute mise en contradiction avec les autorités religieuses. D'une part, la philosophie ne se situe pas sur le même plan que la religion : l'une porte sur la science et la conduite ici-bas, l'autre sur le salut. D'autre part, la science philosophique, loin de remettre en doute la révélation, pourrait selon lui remettre sur le chemin de la foi un certain nombre d'incrédules : « J'ai toujours estimé que ces deux questions, de Dieu et de l'âme, étaient les principales de celles qui doivent plutôt être démontrées par les raisons de la philosophie que de la théologie : car bien qu'il nous suffise, à nous autres qui sommes fidèles, de croire par la foi qu'il y a un Dieu, et que l'âme humaine ne meurt point avec le corps ; certainement il ne semble pas possible de pouvoir jamais persuader aux infidèles aucune religion, ni quasi même aucune vertu morale, si premièrement on ne leur prouve ces deux choses par raison naturelle. » (Lettre aux théologiens de la Sorbonne, p. 7.)

DOUTE

Le doute dont il est question dans la *Première Méditation* est, comme y insiste Descartes, une méthode dans la recherche de la vérité. Puisque les Méditations se fixent pour objectif de n'adhérer qu'à des pensées certaines, le premier mouvement de cette démarche consiste à se débarrasser des préjugés ou des pensées plus ou moins incertaines, mais qui ont jusqu'ici suscité une adhésion d'autant plus forte qu'ininterrogée. La règle consiste à considérer comme faux tout ce qu'on pourra mettre en doute. Cette règle ne sera jamais levée dans les *Méditations*, qui s'efforceront en conséquence de mettre progressivement en évidence les situations dans lesquelles le doute ne se justifie pas. Le doute n'est donc pas ici le principe d'une philosophie sceptique, mais bien au contraire une méthode de recherche qui dessine en creux l'itinéraire de l'âme vers la certitude. Ce doute est toujours délibérément artificiel, donc jamais présenté comme « naturel », puisqu'il renvoie à une décision de méthode. Toutefois, il est progressif : il part de ce qu'il y a de plus facile à mettre en doute (le sensible) pour, à l'aide d'hypothèses de plus en plus artificielles (l'argument du rêve, celui du Dieu trompeur), renverser les pensées jusqu'ici les plus solides. Descartes qualifiera de « métaphysique » l'étape ultime de cette mise en doute générale : l'hypothèse du Dieu trompeur. À la toute fin du trajet d'ensemble des *Méditations*, le sujet méditant pourra en un certain sens considérer, désormais en connaissance de cause, « tous les doutes de ces jours passés, comme hyperboliques et ridicules. » (*cf.* pp. 134-135.)

ÉCOLE (SCOLASTIQUE)

La philosophie scolastique (c'est-à-dire celle qui était développée traditionnellement par « l'École ») désigne la plus grande partie de la philosophie médiévale, qui se caractérise d'une part en ce qu'elle fait de la philosophie une servante de la pensée religieuse, et d'autre part en ce qu'elle accorde une place essentielle au commentaire et à l'exploitation de la philosophie aristotélicienne. Pour ces deux raisons, qui font obstacle à la liberté du jugement, la philosophie cartésienne invite régulièrement à s'écarter de l'autorité de la philosophie scolastique, même s'il ne lui est évidemment pas possible de se couper totalement de cet important héritage intellectuel et culturel.

ENTENDEMENT

L'entendement est la faculté de concevoir, d'appréhender ou de produire des pensées ; c'est le pouvoir de comprendre. Par exemple, l'entendement conçoit sans difficulté un triangle (figure à trois côtés) ou un chiliogone (figure à mille côtés) à partir de la compréhension de leur stricte définition. Il ne doit donc pas être confondu avec l'*imagination* (*cf.* aussi ce mot), qui les représente avec plus ou moins d'exactitude sous forme corporelle.

ERREUR

À rigoureusement parler, une idée n'est jamais fausse en elle-même : tant que je n'y adhère pas, elle n'est qu'un contenu de pensée dont la présence dans mon esprit, dès lors que je la pense, est incontestable. Par exemple, une idée imaginaire n'est pas une erreur, tant qu'on la considère comme imaginaire. L'erreur vient donc d'une adhésion, c'est-à-dire d'une opération du jugement, qui fait intervenir la volonté de croire, de ne pas croire, ou encore de mettre en doute (*cf.* aussi Jugement, Volonté).

L'erreur est donc toujours évitable, puisqu'il est toujours possible de suspendre son jugement à propos de ce dont on ne voit pas clairement et distinctement la vérité. Ainsi, le langage courant dit justement que *je me* trompe, car je suis toujours responsable de mes erreurs. Comme l'établit longuement la *Quatrième Méditation*, il devient dès lors injuste d'accuser Dieu de mes erreurs, alors même qu'en m'en rendant responsable, il m'accorde précisément par là même la liberté de ma pensée. Si Dieu commandait mes pensées, je ne me tromperais jamais, mais en un sens ce ne serait plus mes pensées (*cf.* aussi Liberté, Dieu, « Dieu vérace »).

ÉVIDENCE

Le mot « évidence », comme le mot « certitude », doit toujours être reçu chez Descartes avec le sens très rigoureux qu'il lui accorde : l'évidence est la qualité qu'une pensée a d'être claire et distincte, ce qui révèle sa simplicité et, en même temps, contraint à la certitude. Ces évidences, diront les *Principes*, sont si claires qu'on les obscurcirait en voulant les expliquer. C'est également ce que Descartes appelle connaître par « la lumière naturelle ». Ainsi, l'intérêt du *cogito* est-il de produire, dans l'ordre progressif des *Méditations*, la première expérience de la certitude fondée sur une évidence, c'est-à-dire attestée par l'impossibilité absolue de douter. C'est en effet cette résistance au doute radical qui atteste de l'évidence d'une pensée. Par exemple, au début de la *Troisième Méditation*, « c'est une chose manifeste par la lumière naturelle, qu'il doit y avoir pour le moins autant de réalité dans la cause efficiente et totale que dans son effet ». Par la voie de la démonstration de l'existence de Dieu, cette lumière naturelle, qui vient de lui et qui repose sur des idées innées, des « semences de vérité », devient totalement fiable : je sais alors que ce que j'éprouve comme certain repose sur des évidences sur le socle desquelles je peux développer en confiance mes raisonnements. On notera à quel point la notion cartésienne d'évidence est à l'opposé de l'usage qu'en fait le sens commun, qui, au contraire, invoque le plus souvent « l'évidence » d'une pensée pour la soustraire à tout examen et qui en fait ainsi un synonyme du préjugé. On peut en dire autant, et pour les mêmes raisons, de la notion d'« intuition » (expérience de l'évidence, donc de ce qui, loin de toute obscurité, est clair et distinct), que Descartes n'utilise pas dans les *Méditations*, mais qu'on trouve en particulier dans les *Règles pour la direction de l'esprit*, ouvrage qui en expose la théorie.

IDÉES

Le mot « idée » désigne tout contenu de pensée en général, tout objet de l'âme *visant à représenter quelque chose* : « Entre mes pensées, quelques-unes sont comme les images des choses et c'est à celles-là seules que convient proprement le nom d'idée : comme lorsque je me représente un homme, ou une chimère, ou le ciel, ou un ange, ou Dieu même. » (*Troisième Méditation*, p. 56.) Ainsi peut-on sans absurdité, pourvu qu'on ne s'intéresse qu'à ce qui se passe dans la pensée et qu'on ne préjuge de rien d'extérieur à elle, parler d'idées sensibles ou imaginatives, aussi bien que de concepts : sensibilité, imagination, entendement, sont des modalités de la pensée. En ce sens, une idée considérée en elle-même n'est jamais source d'erreur (*cf.* aussi Erreur). Une idée sensible, par exemple, est l'idée d'un objet « comme perçu par l'entremise des sens ». Une image est la forme corporelle que peut prendre la représentation d'une idée (*cf.* aussi Imagination). En revanche, les idées se distinguent des jugements et des affections, qui, eux, ajoutent quelque chose au simple contenu de pensée, soit en approuvant l'idée, en la considérant comme vraie ou fausse, bonne ou mauvaise, soit en la mettant en relation avec quelque chose de corporel. Là commence le risque d'erreur.

Le début de la *Quatrième Méditation* nous propose une classification des idées. Descartes en distingue trois sortes : innées (nées avec moi ; « semences de vérité » placées dans mon esprit par Dieu), adventices (qui se présentent comme venues de l'extérieur) et factices (dont je suis l'auteur). Les idées innées, par exemple les vérités mathématiques ou l'idée de perfection, que Dieu a mises en moi, sont sources d'évidences (voir ce mot) et de raisonnements. Les idées adventices sont celles qui ne peuvent pas venir de ma propre pensée, mais il me faut alors établir quelle est leur cause, comme le fait la théorie du sentiment dans la *Sixième Méditation*. Quant aux idées factices, elles sont le produit, par exemple, de mon imagination (fantaisie), comme lorsque je compose l'idée d'hippogriffe à partir de celle du cheval et de celle du griffon.

IMAGINATION

On retrouve dans les *Méditations métaphysiques* l'ambiguïté courante du sens du mot imagination : 1) fantaisie, pouvoir d'invention, de feindre une fiction ; 2) faculté de se représenter les choses sous la forme d'images : « Imaginer n'est autre chose que contempler la figure ou l'image d'une chose corporelle. » (*Deuxième Méditation*, p. 42.)

Pour ce qui concerne le premier sens, la fin de la *Première Méditation*, par exemple, laisse entendre qu'il s'agit essentiellement, au moins dans le domaine de l'invention mythologique ou artistique, d'un pouvoir de recomposer autrement des éléments appréhendés dans la réalité ; idée qu'« il y a des choses encore plus simples et plus universelles, qui sont vraies et existantes ; du mélange desquelles, ni plus ni moins que de celui de quelques véritables couleurs, toutes ces images des choses qui résident en notre pensée, soit vraies et réelles, soit feintes et fantastiques, sont formées. » (p. 28.) Pour ce qui concerne le second sens, l'imagination est le pouvoir de se représenter les idées sous forme corporelle, ce qui constituera un argument pour la tenir à distance dans le cadre de la méditation rigoureuse, tant que la question de la nature des corps ne sera pas éclaircie. Inversement, dans la *Sixième Méditation*, dès lors qu'il apparaît qu'il suffit de penser rigoureusement pour comprendre l'essence des corps et que cette pensée rigoureuse établit qu'ils sont radicalement indépendants de l'esprit, le fait que Dieu m'ait doté d'une imagination, faculté de me les représenter comme des corps sensibles, devient un argument en faveur de leur existence extérieure à ma pensée. Sinon, pourquoi Dieu m'aurait-il attribué cette faculté, dès lors que je n'ai pas besoin d'elle pour penser l'essence des corps ?

JUGEMENT

Notre esprit connaît deux principales modalités de la pensée : celles qui relèvent de l'*entendement* (*cf.* aussi ce mot), qui est la faculté d'apercevoir les pensées ; celles de la *volonté* (*cf.* aussi ce mot), qui, d'une façon ou d'une autre, les approuve, les refuse, ou les laisse dans l'indétermination en considérant ces pensées comme vraies, fausses ou douteuses, désirables, à fuir ou indifférentes, etc.

L'entendement en lui-même ne peut être source d'erreur (*cf.* aussi Erreur et Idées). C'est l'intervention de la volonté qui, tout en me rendant responsable de mon approbation à telle ou telle idée, introduit le risque d'erreur. Le jugement naît en effet du concours de l'entendement qui aperçoit les idées, et de la volonté, qui les approuve ou les rejette librement (*cf.* aussi Liberté). Bien juger, c'est n'adhérer qu'à des pensées dont on voit avec certitude qu'elles sont vraies. Mais, comme la volonté est sans limite naturelle, l'erreur intervient lorsqu'on adhère à des pensées que l'entendement ne comprend pas véritablement. Il est toujours cependant possible d'éviter les jugements faux, car on peut toujours au moins suspendre son jugement face à ce qu'on ne comprend pas assez clairement. La philosophie de Descartes repose donc en un sens sur une éducation de la volonté en vue de bien juger.

LIBERTÉ

C'est la *Quatrième Méditation* qui, en tirant les conséquences épistémologiques de l'existence d'un Dieu parfait, donc infiniment bon et non trompeur, s'efforce de résoudre l'énigme de l'erreur et, par là, se trouve contrainte, pour établir que l'homme seul en est la cause, de montrer en quel sens son jugement est libre.

Cette liberté est liée à l'infinité de la volonté, qui se manifeste dès le début des *Méditations* par la voie de l'exercice du doute. Cette puissance de résister à toutes les forces de tromperie, puissance qui sera ensuite confortée par la garantie de la *véracité divine* (*cf.* aussi Dieu, « Dieu vérace »), prouve en effet déjà la liberté humaine.

Si la liberté est donc une condition générale de l'homme, il y a cependant des degrés de liberté. Une liberté parfaite consisterait à conjuguer l'omniscience, la toute-puissance, et l'illimitation de la volonté. C'est là la liberté de Dieu. Mais l'homme est un être fini, ce qui a des effets sur son expérience de la liberté : son entendement est limité, sa puissance connaît également des bornes. Si c'est donc l'infinité de la volonté qui est cause indirecte de nos erreurs, c'est aussi elle qui, en nous rendant responsables de nos choix, nous confère notre dignité. La morale cartésienne ira pour cette raison jusqu'à considérer que seul le bon usage de notre volonté nous rend dignes de louange : il n'y a aucun mérite à être fortuné, beau ou même intelligent, car on n'y est pas pour grand-chose ; les seuls mérites qu'on puisse s'attribuer légitimement sont ceux qui sont issus de l'usage qu'on a fait de sa volonté. La morale cartésienne, tout comme sa théorie du jugement, s'articule autour d'une éducation de la volonté.

La liberté humaine n'est donc certes pas la toute-puissance divine. C'est parce qu'ils ne le comprennent pas que les hommes commettent des contresens sur leur libre condition. Ils croient, par exemple, qu'ils ne sont pas libres, parce qu'ils sont contraints, dès qu'ils sont attentifs, d'admettre que deux plus deux égalent quatre ou bien que tel acte est répréhensible. C'est qu'ils voudraient, à l'image de Dieu qui peut tout, pouvoir eux-mêmes décréter ce qui est vrai et ce qui est bien. Or, cette « libre création des vérités éternelles » n'est possible que de la part d'un être parfait (affirmation cartésienne elle-même contestable, si l'on considère qu'un Être éternel ne saurait rien vouloir sans que cela contredise sa perfection : il *est* le bien et la vérité bien plus qu'il ne les décrète).

Cette confusion conduit les hommes à confondre la liberté avec l'absence de raison : ils croient que c'est lorsqu'ils adhèrent sans savoir pourquoi, sans raison, qu'ils jugent librement, comme si c'étaient alors eux qui décrétaient le vrai ou le bien. C'est ce que Descartes appelle « liberté d'indifférence ». Or « cette indifférence que je sens, lorsque je ne suis point emporté vers un côté plutôt que vers un autre par le poids d'aucune raison, est le plus bas degré de la liberté, et fait plutôt paraître un défaut dans la connaissance, qu'une perfection dans la volonté, car si je connaissais toujours clairement ce qui est vrai et ce qui est bon, je ne serais jamais en peine de délibérer quel jugement et quel choix je devrais faire ; et ainsi je serais entièrement libre, sans jamais être indifférent. » (*Quatrième Méditation*, p. 87.) La « liberté d'indifférence » est donc bien une forme de liberté, dans la mesure où on y a bien affaire à un choix, même si ce choix est aveugle. Mais cette liberté, qui consiste à adhérer sans comprendre, est par là plutôt comparable à une forme de caprice insensé. C'est une liberté infime et puérile, comparée à celle qui est mienne lorsque je choisis en connaissance de cause ce qui est vrai ou ce qui est bien, précisément parce que je vois que cela est vrai ou bien : « Afin que je sois libre, il n'est pas nécessaire que je sois indifférent à choisir l'un ou l'autre des deux contraires ; mais plutôt, d'autant plus que je penche vers l'un, soit que je connaisse évidemment que le bien et le vrai s'y rencontrent, soit que Dieu dispose ainsi l'intérieur de ma pensée, d'autant plus librement j'en fais choix et je l'embrasse. » (*Ibid.*, p. 87.) À partir du moment où le vrai et le bien existent comme des absolus qui s'imposent à mon jugement lorsque celui-ci est attentif, être libre consiste à les connaître, à les approuver, et à les mettre en œuvre, tout en ayant l'entière responsabilité de ces choix.

LUMIÈRE NATURELLE

Cf. Évidence, Nature.

MATHÉMATIQUES

Les mathématiques sont régulièrement présentées par la philosophie cartésienne comme, à son époque, les plus sûres et les plus certaines de toutes les sciences. On ne peut pas ne pas remarquer que, dans les *Méditations métaphysiques*, les vérités mathématiques fournissent régulièrement des exemples de certitudes. Toutefois, ce qui fait la certitude des mathématiques aux yeux de Descartes, c'est que, sans recours à l'expérience sensible, elles empruntent une méthode générale *(mathesis universalis)* qu'il faut précisément mettre en œuvre dans les autres sciences. La certitude et la rationalité ne sont donc pas du tout à ses yeux le privilège des mathématiques. La preuve, c'est que l'évidence du *cogito* ou l'existence de Dieu sont des vérités plus fondamentales que les vérités mathématiques, celles-ci devenant incertaines si l'on ne connaît pas les fondements des vérités premières établies par la métaphysique.

MÉTAPHYSIQUE

La métaphysique, ou « philosophie première », qui donne son nom aux *Méditations*, est la science des vérités fondamentales, sur lesquelles toutes les autres peuvent être établies, et faute desquelles elles sont incertaines.

La métaphysique, expérience première de ce qui est, est par là même, selon Descartes, la science des êtres premiers, les « substances » (*cf.* aussi ce mot) auxquelles renvoient les principes de l'Être, à commencer par Dieu. Par la métaphysique, la rigueur de la pensée établit donc toutes les certitudes relatives à ce qui est.

Comme l'écrit Descartes dans la lettre-préface à ses *Principes de la philosophie* : la métaphysique cherche « les premières causes et les vrais principes dont on puisse déduire les raisons de tout ce qu'on est capable de savoir ». La métaphysique « contient les principes de la connaissance, entre lesquels est l'explication des principaux attributs de Dieu, de l'immatérialité de nos âmes, et de toutes les notions claires et simples qui sont en nous ». D'où la célèbre image qui suivra cette définition : « Toute la philosophie est comme un arbre, dont les racines sont la métaphysique, le tronc est la physique et les branches qui sortent de ce tronc sont toutes les autres sciences qui se réduisent à trois principales, à savoir la médecine, la mécanique et la morale, j'entends la plus haute et la plus parfaite morale, qui, présupposant une entière connaissance des autres sciences, est le dernier degré de la sagesse. »

NATURE

Le mot nature emprunte dans les *Méditations* une pluralité de sens qui contraignent régulièrement Descartes à préciser de quoi il parle.

Le mot nature désigne d'abord l'essence d'une chose : ce par quoi on peut rigoureusement la définir. Ainsi, la nature de Dieu se déduit de l'idée de perfection ; celle de l'âme réside dans son pouvoir de penser : elle est immatérielle, indivisible, etc. La nature du corps est d'être de l'étendue... Celle du triangle est d'avoir trois angles égaux à deux angles droits...

Mais la notion de nature renvoie également à un certain ordre que Dieu a mis dans la Création. En un sens, la physique, science de la nature, ou la médecine, science de la nature vivante, visent la connaissance rigoureuse de cet ordre, sous la forme de lois de la nature.

Il existe également un usage illusoire (on dirait aujourd'hui « idéologique ») de la notion de nature, qui consiste à recourir à celle-ci pour se repaître de fausses évidences, voire de préjugés.

La *Troisième Méditation* propose dans cet esprit une distinction entre deux occurrences de la notion de nature : l'*inclination naturelle*, qui naît de l'expérience encore confuse de l'union de mon âme et de mon corps et qui me pousse par exemple à croire en l'existence de corps extérieurs ou à désirer fortement telle chose sans savoir pourquoi, et la *lumière naturelle*, qui m'impose d'adhérer à certaines pensées ou à certains principes parce qu'ils se révèlent absolument évidents. La première se révèle très rapidement une bien faible raison : l'inclination n'est qu'une tendance, une impulsion irréfléchie, dont je constate la présence en moi. Elle ne saurait être comparée avec la volonté éclairée par l'entendement, même si les esprits légers tendent à confondre leurs caprices avec des effets de leur volonté. Du reste, l'expérience me montre que lorsque je me suis fié à mes inclinations « naturelles » en ce sens-là, elles m'ont conduit au moins aussi souvent vers le vice que vers la vertu. La lumière naturelle en revanche (*cf.* aussi Évidence) est ce que je trouve en moi de plus fiable, ce que je ne peux aucunement révoquer en doute, ce à partir de quoi je rencontre ma vraie nature, mon essence, qui consiste à penser le plus rigoureusement possible, et à vivre conformément à ce que cette clarté de l'esprit m'enseigne.

La *Sixième Méditation* invite également à de nouvelles distinctions, cette fois entre *la* nature (l'ordre mis par Dieu dans le monde) et *ma* nature (l'expérience que je fais de l'agencement entre les diverses parties qui me composent, également établi par Dieu conformément à des lois générales) : « Par la nature, considérée en général, je n'entends maintenant autre chose que Dieu même, ou bien l'ordre et la disposition que Dieu a établie dans les choses créées. Et par ma nature en particulier, je n'entends autre chose que la complexion ou l'assemblage de toutes les choses que Dieu m'a données. » (*Sixième Méditation*, p. 123.) Le premier sens renvoie donc à ce qui sera l'objet de la physique. Le second fonde la théorie du sentiment : c'est ma nature en ce sens-là qui m'enseigne qu'il y a des corps extérieurs à moi, que certains sont utiles, d'autres nuisibles à mon existence, etc. « Ma nature » renvoie alors ici, d'une part au fonctionnement de mon corps, qui selon Descartes relève de la physique générale, comme pour tout autre corps, et d'autre part à l'expérience vitale que je fais de l'union de mon âme avec un corps, donc à mon existence spécifiquement humaine. Cette union est elle-même réglée par des lois constantes. Il ne s'agit plus ici de la connaissance claire et distincte de l'âme, ni de celle de l'essence des corps, mais de l'expérience de la vie que fait un être associant une âme à un corps et évoluant parmi d'autres êtres : sa « nature » est ce qui lui indique comment vivre : « Cette nature m'apprend bien à fuir les choses qui causent en moi le sentiment de la douleur, et à me porter vers celles qui me communiquent quelque sentiment de plaisir ; mais je ne vois point qu'outre cela elle m'apprenne que de ces diverses perceptions des sens nous devions jamais rien conclure touchant les choses qui sont hors de nous, sans que l'esprit les ait soigneusement et mûrement examinées. » (*Sixième Méditation*, p. 125.)

RÉALITÉ (RÉALITÉ FORMELLE ET OBJECTIVE)

La question de la réalité s'inscrit d'abord chez Descartes dans le cadre original de sa propre démarche philosophique. Le doute inaugurant cette démarche porte sur la sensibilité et rapidement, à travers elle, sur l'existence de tout ce qui est extérieur à la pensée du sujet méditant. La première expérience de la certitude (le *cogito*) s'effectue elle-même sans aucune référence à quelque réalité extérieure que ce soit. On comprend alors que l'enjeu de la suite des *Méditations* consistera à échapper à ce que certains philosophes du xxe siècle ont appelé le solipsisme (risque de réduire la sphère de la certitude à la solitude intérieure du sujet qui ne rencontrerait jamais aucune autre existence que la sienne) en recherchant dans l'expérience intérieure de la pensée les preuves de ce qui existe indubitablement à l'extérieur de celle-ci. La première réalité extérieure avérée sera celle de Dieu : sa perfection exclut qu'il ne soit qu'une réalité intérieure à ma nature imparfaite. À partir de cela, tout ce que je conçois clairement et distinctement est vrai, et donc est quelque chose. La réalité extérieure des corps, par exemple, suivra de l'appréhension claire et distincte de l'indépendance de la substance corporelle vis-à-vis de la substance pensante : dès lors, si les corps n'existaient pas, je serais curieusement incité par ma nature à croire en une illusion. Fondamentalement, on le voit, ce sont bien les démonstrations de l'existence de Dieu qui garantissent l'existence réelle (extérieure à ma subjectivité) de tout ce que je conçois clairement et distinctement (*cf.* aussi Dieu, « Dieu vérace »). Or ces démonstrations reposent elles-mêmes sur une certaine conception de la réalité et des relations que les idées entretiennent avec elle. Descartes a ici recours aux distinctions scolastiques entre réalité formelle et réalité objective.

La réalité *formelle*, c'est ce que nous appelons généralement « la réalité effective », ce qui existe effectivement (« formellement »). La réalité *objective*, c'est le pouvoir qu'a une idée de *représenter* une réalité (un objet), de renvoyer à elle. C'est à partir d'un examen des relations (en particulier de cause à effet) entre ces deux types de réalités que Descartes démontre l'existence de Dieu (*cf.* Thèmes et problématiques, p. 173). Enfin, la notion de réalité « éminente » renvoie à la conception selon laquelle plus une chose est parfaite (plus elle est « achevée »), plus elle a de réalité et de puissance, et plus elle a le pouvoir de créer d'autres réalités. Ainsi Dieu, réalité absolument parfaite, est-il la cause éminente de tout ce qui existe. Tandis que l'homme peut bien être la cause éminente de certaines réalités ou de certaines pensées, mais son imperfection rend par exemple impossible qu'il soit la cause de l'idée de perfection qu'il trouve pourtant en lui. D'où la nécessité d'admettre, selon Descartes, qu'une cause formelle de cette idée, c'est-à-dire une réalité formelle, extérieure à nous, permet d'expliquer sa réalité objective dans notre esprit.

SENSIBLE/SENTIMENTS

Les sentiments (de douleur, de faim, etc.) et les sensations (de couleur, de chaleur, etc.) désignent tout ce qui relève des sens et, à ce titre, engagent une relation entre l'âme et le corps. Les analyses de la *Sixième Méditation* montrent qu'ils sont essentiellement des indications utiles à la vie, qui m'informent des relations entre mon corps et les corps extérieurs, et aussi des caractères utiles ou nuisibles de ces derniers à l'égard du premier. Ils ne m'enseignent rien sur l'essence des corps. Rien ne prouve, par exemple, que les choses sont comme je les éprouve, mais je comprends désormais pourquoi il est utile que je les éprouve ainsi. Si je veux *connaître* ces choses, il faut en revanche que je passe par le détour des pensées claires et distinctes. C'est l'objet de la physique.

SUBSTANCE

Une substance est une réalité capable de se soutenir dans l'existence par elle-même, sans le secours d'autre chose : « Lorsque nous concevons la substance, nous concevons seulement une chose qui existe en telle façon qu'elle n'a besoin que de soi-même pour exister. » (*Principes*, I, article 51.) En ce sens strict seul Dieu est substance. Mais, par extension, et tout en sachant que le mot ne peut s'appliquer avec le même sens au créateur et à ce qu'il a créé, on peut distinguer parmi les créatures celles qui n'ont besoin que du « concours ordinaire » de Dieu (c'est-à-dire qu'il ne soutient dans l'existence que par les lois générales qu'il a établies, sans intervention qui leur soit particulièrement destinée, ce qui les rend incorruptibles) et celles qui ont besoin des précédentes pour exister : ainsi, de la substance pensante dépendent toutes les formes de pensée, et de la substance corporelle tous les corps et toutes les qualités corporelles. En ce sens-là elles sont bien des substances, des réalités premières.

Ce qui nous atteste que nous avons bien affaire à une substance en ce sens-là, c'est qu'il est possible de la penser clairement et distinctement sans avoir recours à une autre réalité créée qu'elle-même : ainsi, l'expérience du *cogito* me permet d'appréhender l'âme indépendamment de tout corps : il y a donc bien une substance pensante. Inversement, le corps, qui n'a pas besoin d'âme pour exister et qui peut être pensé sans rien emprunter dans sa nature à ce qui relève de l'âme, est donc une substance. Cependant, pour qu'une substance soit connue, il faut qu'on puisse la penser. Et son existence à elle seule ne suffirait pas à la faire connaître : chaque substance possède un attribut essentiel, dont toutes les qualités peuvent être dérivées. L'attribut essentiel de l'âme est la pensée ; celui du corps est l'étendue en longueur, largeur et profondeur.

Cette conception des substances psychiques et corporelles comme réalités séparées confronte Descartes à une redoutable difficulté : il devient difficile de penser « l'union consubstantielle de l'âme et du corps ».

UNION DE L'ÂME ET DU CORPS

L'union de l'âme et du corps est l'un des aspects les plus délicats de la philosophie cartésienne — celui sur lequel sa correspondante, la princesse Élisabeth de Bohême, l'interrogera longtemps et avec beaucoup de perspicacité et qu'il ne parviendra jamais totalement à démêler.

Dans les réponses qu'il écrit aux objections qu'on lui a formulées,

Descartes confirme sur ce point à Arnaud d'une part que « l'esprit peut être conçu distinctement et pleinement, c'est-à-dire autant qu'il faut pour être tenu pour une chose complète, sans aucune de ces formes, ou attributs, au moyen desquels nous reconnaissons que le corps est une substance [...] et le corps est aussi conçu distinctement et comme une chose complète, sans aucune des choses qui appartiennent à l'esprit. » Par conséquent, la substance pensante et la substance étendue sont deux substances séparées, et on peut en dire autant de l'âme et du corps d'un homme. Cependant, dans le même texte, Descartes confirme que dans la *Sixième Méditation* où il a « parlé de la distinction de l'esprit et du corps », il a également « montré qu'il lui est substantiellement uni ». (*Quatrièmes Réponses*, « De la nature de l'esprit humain ».) Or, si l'âme et le corps sont clairement connaissables, ce qui résulte de leur union est en revanche condamné à rester en partie obscur, et nous n'en savons guère davantage à ce sujet que ce que nous indiquent nos sentiments sur la commodité ou l'incommodité de tel ou tel corps extérieur dans sa relation avec le nôtre et sur le bon état de notre propre corps. Il reste quelque chose d'incompréhensible dans la nature de l'union de l'âme et du corps, qui fait partie de ces nombreuses choses que l'esprit humain ne parvient pas totalement à maîtriser.

Sans clarifier absolument cette question de l'union substantielle de l'âme et du corps, le dernier ouvrage de Descartes, *Les Passions de l'âme*, s'efforcera de démêler l'ensemble des relations psychophysiologiques, c'est-à-dire les mécanismes par lesquels l'âme et le corps agissent l'un sur l'autre, sans que cela ne remette pour autant en question leur indépendance substantielle.

VOLONTÉ

La volonté est le pouvoir d'adhérer, de refuser, ou de mettre en doute, de désirer ou d'éprouver de l'aversion... Pas plus que l'entendement, la volonté seule ne peut être « fausse », dans la mesure où il n'est pas possible de nier que, par exemple, je désire telle chose. C'est du concours de la volonté avec l'entendement que naît le jugement (*cf.* aussi ce mot).

La volonté humaine ne rencontre de fait aucune limite, sauf celles qu'elle a tout intérêt à se donner : on ne peut tout comprendre, on ne peut tout faire, mais il est possible de vouloir sans rencontrer aucune limite. Cette conception de la volonté est à l'origine de l'explication cartésienne de l'*erreur* (*cf.* aussi ce mot) et elle est au fondement de la morale cartésienne, plus spécialement de la conception de la *générosité* qui se trouve au cœur de cette morale : connaissance que nous avons tous que nous ne méritons d'être blâmés ou loués que pour l'usage que nous faisons de notre volonté. En effet, selon Descartes, c'est essentiellement cet usage que nous pouvons faire de notre volonté qui fonde notre dignité, notre mérite et notre *liberté* (*cf.* aussi ce mot). C'est pourquoi il est peut-être possible d'affirmer que la philosophie cartésienne est essentiellement une philosophie de la volonté, tant sur le plan de la pensée rigoureuse (le jugement), que de l'action réfléchie (la liberté).

INDEX DES NOMS PROPRES

ARISTOTE (284-322 AV. J.-C.)

Philosophe athénien de l'Antiquité, ancien disciple de Platon. Fondateur d'une école philosophique, le Lycée, qui lui survécut longtemps, il écrivit une œuvre immense, que la philosophie médiévale s'est largement employée à commenter et à exploiter. Descartes, conformément à l'attitude qui le conduit à prendre ses distances vis-à-vis de la scolastique, invite également à ne pas se plier à l'autorité de l'œuvre d'Aristote, pas plus qu'à toute autre.

BEECKMAN, ISAAC (1588-1637)

Savant hollandais que Descartes rencontre en 1618, à Breda, avec qui il collabore sur des questions de mathématiques et de physique. Les deux hommes se brouilleront à propos de querelles d'attribution de découvertes.

BÉRULLE, PIERRE DE (1575-1629)

Cardinal versé dans les sciences, un moment ministre de Louis XIII, fondateur de l'ordre des Oratoriens.

CHANUT, PIERRE (1601-1662)

Beau-frère de Clerselier. Descartes le rencontre à Paris en 1644 et se lie avec lui. Ambassadeur en Suède, c'est lui qui convaincra Descartes, à la demande de la reine Christine, de se rendre à Stockholm en 1649.

CHRISTINE DE SUÈDE (1626-1689)

Reine de Suède de 1632 à 1654, femme à l'esprit libre, et amie des sciences et des arts. Elle fait venir Descartes à Stockholm, en 1649, pour recevoir de lui un enseignement philosophique.

CLERSELIER, CLAUDE (1614-1684)

Correspondant et ami de Descartes, avocat au Parlement de Paris. C'est lui qui traduisit en français les objections et les réponses aux *Méditations*. Après la mort de Descartes, il fut chargé de gérer son œuvre écrite.

ÉLISABETH, PRINCESSE PALATINE (1618-1680)

Princesse de Bohême et du Palatinat, fille du roi de Bohême. La famille fut dépossédée du trône en 1620 à la suite de la bataille de la Montagne blanche, gagnée par les Habsbourg dans le contexte de la guerre de Trente Ans (1618-1648), qui décapita les élites tchèques. Élisabeth, devint, à partir de 1642, l'une des principales correspondantes de Descartes, qui fut pour elle à la fois un ami et un confident. L'intelligence de ses questions imposa à Descartes une remise en chantier de sa morale, qui déboucha sur *Les Passions de l'âme*.

ÉPICURISME

Doctrine philosophique née à l'époque hellénistique (Épicure : 341-270 av. J.-C. ; relayé par Lucrèce : env. 98-53 av. J.-C.), qui refuse de considérer les sentiments comme des illusions en eux-mêmes et qui invite à apprendre à les gouverner en vue du bonheur, en écartant avec sagesse douleurs et souffrances évitables. On retient de l'épicurisme son refus de condamner *a priori* le plaisir et sa physique atomiste. Le courant épicurien est essentiellement représenté à l'époque de Descartes par Gassendi (1592-1655), philosophe matérialiste et « libertin », auteur de certaines des objections faites aux *Méditations* (voir, dans les *Fables* de La Fontaine, lui-même gassendiste, le *Discours à Madame de la Sablière*). Si la doctrine de Descartes est incompatible avec les aspects fondamentaux de l'épicurisme ancien ou moderne, l'idée selon laquelle les sentiments ne sont pas en eux-mêmes trompeurs pourrait bien être un héritage de l'épicurisme.

FERDINAND II (1578-1637)

Empereur (1619-1637) appartenant à la dynastie autrichienne des Habsbourg, roi de Bohême (1617-1619) et de Hongrie (1621-1625). Descartes assiste à son couronnement à Francfort, en août 1619.

HUYGENS, CONSTANTIN (1596-1687)

Correspondant hollandais de Descartes, secrétaire du prince d'Orange, et conseiller d'État. À ne pas confondre avec son fils, Christian (1629-1695), célèbre physicien, géomètre et astronome.

KANT, EMMANUEL (1724-1804)

Philosophe allemand de l'époque des Lumières. Sa doctrine, la « philosophie critique », a eu une importance considérable. Il est à l'origine de critiques célèbres contre les preuves cartésiennes de l'existence de Dieu, niant en particulier que la raison puisse connaître ce dont elle ne peut avoir l'expérience. Dieu ne peut être qu'objet de foi, non de savoir.

LEIBNIZ, GOTTFRIED WILHELM (1646-1716)

Philosophe allemand, à la fois héritier et critique de la philosophie cartésienne. Possédant un savoir encyclopédique, il s'est illustré à peu près dans tous les domaines, tant scientifiques que politiques ou religieux ; inventeur en même temps que Newton du calcul infinitésimal, auteur de découvertes importantes en physique dynamique, il est également connu pour l'optimisme inhérent à la théorie de l'harmonie préétablie, popularisé par le *Candide* de Voltaire.

LÉON X (JEAN DE MÉDICIS) (1475-1521)

Pape de 1513 à 1521, protecteur des arts, des lettres et des sciences. Signataire du concordat avec François Ier en 1516. C'est lui qui eut à conclure le 5e concile de Latran (1517) ; c'est également lui qui fut conduit à condamner le schisme luthérien (en 1520).

MERSENNE, MARIN (1588-1648)

Prêtre de l'ordre des Minimes. Très curieux de la vie intellectuelle de son époque, il a été le principal correspondant de Descartes, l'informant constamment de tout ce qui se passait en France et servant d'intermédiaire auprès des savants, mais aussi des éditeurs parisiens.

POLLOT, ALPHONSE DE (1602-1668)

Familier de la cour du prince d'Orange, ami et correspondant de Descartes, à qui il fut souvent utile.

REGIUS, HENRI DE REY DIT (1598-1679)

Professeur de médecine à Utrecht, qui se réclame de la pensée de Descartes, qu'il tend cependant à trahir. Il est souvent imprudent, voire provocateur. Attaqué par le recteur de la faculté, Voetius, il sera longuement défendu par Descartes, qui devra consacrer du temps à cette polémique. Peu à peu, Descartes s'éloigne cependant de lui.

SCOLASTIQUES

Cf. Glossaire : École.

SÉNÈQUE (Ier SIÈCLE APR. J.-C.)

Philosophe stoïcien romain, auteur entre autres du *De vita beata* (*De la vie heureuse*), qui fut un moment au centre de la correspondance entre Descartes et Élisabeth. Il fut le précepteur de Néron, qui, las de ses reproches, lui ordonna de s'ouvrir les veines.

SORBONNE

Université parisienne créée au XIIIe siècle par Robert de Sorbon, d'abord afin de rendre accessibles les études de théologie aux étudiants pauvres. La faculté de théologie s'y installa au XVe siècle, si bien qu'on prit l'habitude, comme le fait Descartes, de l'identifier avec la Sorbonne. Ses décisions exerçaient une grande autorité, non seulement spirituelle, mais également politique. C'est pourquoi Descartes, qui lui recommande les *Méditations*, aurait vivement souhaité (en vain) qu'elle les prenne sous sa protection.

SPINOZA, BARUCH (1632-1677)

Philosophe hollandais postérieur à Descartes, dont il est un grand lecteur, mais à l'égard duquel il sait également être très critique. Auteur de commentaires des *Principes de la philosophie*, il est surtout connu pour son *Éthique*. La liberté de sa pensée le conduit à être exclu de la communauté juive par un *herêm* (malédiction) en 1656. Il publia peu, enseigna à un cercle restreint d'amis, gagnant sa vie en polissant des lentilles de verre.

VOETIUS (OU VOET)

Cf. Régius.

BIBLIOGRAPHIE

Œuvres de Descartes

L'édition de référence est celle de Ch. Adam et de P. Tannery (Vrin-CNRS, 1964-1974, XI volumes), actuellement republiée en *fac-similé* par Vrin, sous une forme plus accessible.

Les *Méditations* sont dans le tome VII pour le texte latin et le tome IX pour la traduction française du duc de Luynes et de Clerselier.

Œuvres philosophiques
Choix et présentation de F. Alquié, Classiques Garnier 1963-1973, 3 volumes.

Œuvres
Choix et présentation par A. Bridoux, La Pléiade, N.R.F., Gallimard, 1953, 1 volume régulièrement réédité.

Choix de lettres
Choix par É. Brauns, Coll. « Profil philosophie », Hatier, 1988. Ouvrage épuisé, à consulter ou à télécharger sur www.ac-grenoble.fr/PhiloSophie/

Méditations métaphysiques
Chronologie, présentation et bibliographie par J.-M. Beyssade et M. Beyssade, GF-Flammarion, 1979. Publication du texte latin des *Méditations*, des objections et des réponses, avec en regard les traductions française du duc de Luynes et de Clerselier.

Méditations métaphysiques
Édition de M. Beyssade, coll. « Le Livre de Poche », 1990. Présentation, puis édition en regard du texte latin, de la traduction du duc de Luynes, et d'une traduction du texte latin original par M. Beyssade.

Ouvrages sur les Méditations métaphysiques

BEYSSADE, Jean-Marie, *La Philosophie première de Descartes*, Flammarion, 1979.

BEYSSADE, Jean-Marie et MARION, Jean-Luc, *Descartes, objecter et répondre*, PUF, 1994.

GOUHIER, Henri, *La Pensée métaphysique de Descartes*, Vrin, 1962. Régulièrement réédité.

Guéroult, Martial, *Descartes selon l'ordre des raisons* (2 vol.), Aubier, 1953. Régulièrement réédité. Commentaire de référence, même pour ceux qui en critiquent certains aspects.

Kanbouchner, Denis, *Les Méditations métaphysiques de Descartes*, tome 1, coll. « Quadrige », PUF, 2005.

Ouvrages sur l'ensemble de l'œuvre de Descartes

Alquié, Ferdinand, *Descartes, l'homme et l'œuvre*, coll. « Profil », Hatier, 1988. Ouvrage épuisé, à consulter ou à télécharger sur www.ac-grenoble.fr/PhiloSophie ; La Découverte métaphysique de l'homme chez Descartes, PUF, 1950, rééd. 1996.

Cottingham, John et Cler, Christian, *Descartes*, coll. « Les grands philosophes », Points Essais, Seuil, 2000.

Gouhier, Henri, *Descartes*, Vrin, 1987.

Grimaldi, Nicolas, *L'Expérience de la pensée dans la philosophie de Descartes*, Vrin, 1988.

Guénancia, Pierre, Descartes, Bordas, 1986 ; *L'Intelligence du sensible*, NRF, coll. « Essais », Gallimard, 1988 ; *Lire Descartes*, coll. « Folio Essais », Gallimard, 2000.

Kanbouchner, Denis et de Buzon, Frédéric, *Le Vocabulaire de Descartes*, Eclipses, 2000.

Marion, Jean-Luc, *Descartes*, Bayard Culture, 2007.

Pimbé, Daniel, *Descartes*, coll. « Profil Auteur », Hatier. Ouvrage épuisé, à consulter ou à télécharger sur www.ac-grenoble.fr/PhiloSophie/

Rafin, Françoise, *Descartes*, Armand Colin, 2001.

Rodis-Lewis, Geneviève, *Descartes, textes et débats*, coll. « Le Livre de Poche », 1984 ; *Descartes, biographie*, Calmann-Lévy, 1995.

400 Aristote
Éthique à Nicomaque

401 Descartes
Discours de la méthode

402 Descartes
Méditations métaphysiques

403 Épictète
Manuel

404 Épicure
Lettre à Ménécée

405 Hegel
La Raison dans l'histoire

406 Kant
Analytique du beau

407 Kant
Fondement pour la métaphysique des mœurs

408 Kant
Qu'est-ce que les Lumières ?

409 Kant
Vers la paix perpétuelle

410 Machiavel
Le Prince

411 Nietzsche
Crépuscule des idoles

412 Platon
Apologie de Socrate

413 Platon
Gorgias

414 Platon
Hippias majeur

415 Platon
La République

416 Platon
Le Banquet

417 Rousseau
Discours sur l'origine et les fondements des inégalités parmi les hommes

418 Rousseau
Du contrat social

419 Spinoza
Traité théologico-politique

PAPIER À BASE DE FIBRES CERTIFIÉES

Hatier s'engage pour l'environnement en réduisant l'empreinte carbone de ses livres. Celle de cet exemplaire est de :
550 g éq. CO_2
Rendez-vous sur www.hatier-durable.fr

Achevé d'imprimer par Grafica Veneta à Trebaseleghe - Italie
Dépôt légal 95899-1/04 - Juin 2016